분류란 무엇인가

지식의 구조화와 검색에 관한 이해

에릭 J. 헌터 지음
박지영 옮김

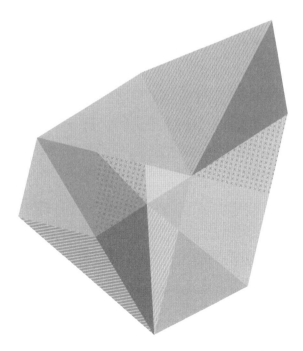

한울
아카데미

※ 본 연구는 한성대학교 교내학술연구비 지원과제임.

CLASSIFICATION MADE SIMPLE

An Introduction to Knowledge Organisation and Information Retrieval

Third Edition

ERIC J. HUNTER

Liverpool John Moores University, UK

ASHGATE

Classification Made Simple (3rd ed.)
by Eric J. Hunter

분류는 정보자원을 조직하기 위한 가장 기초적이고 핵심적인 영역 중 하나이다. 더불어 분류는 언어와 문화의 영향을 많이 받는 분야이다. 따라서 우리는 영어권의 분류체계나 시소러스를 그대로 수용할 수가 없으며, 우리 언어와 문화에 맞는 조직 도구를 개발해야 한다. 이와 같은 특징은 번역 과정에서의 고려사항 중 하나였다. 예를 들어, 시소러스와 관련된 사례에서 영어권의 우선어/비우선어를 그대로 번역하여 본문에 넣으면 한글 표현으로는 자모순 배열이 맞지 않게 되었다. 그래서 원문에 충실하기보다, 쉬운 이해를 위해 문장이나 용어의 배열 순서를 바꾸기도 했다. 그리고 본문은 되도록 우리말로 표현하려고 노력했으며, 영문표기도 가능한 한 지양했다. 이것은 우리의 글과 말로 분류의 기초를 배우는 학생들의 이해를 돕기 위한 것이다.

이 책은 분류에 대한 포괄적인 시야를 갖기 위한 훌륭한 개론서이다. 2009년에 3판까지 개정이 되었는데, 그 이후의 정보환경 변화나 분류체계에 대한 공백을 감안해도, 헌터의 이 저서는 여전히 여러 번 새겨 읽어야 할 필요가 있다. 이 책을 번역하여 국내에 소개함으로써 분류를 공부하는 학생들이 분류에 대한 시야를 넓힐 수 있기를 기대한다.

◆ 감 사 의 글

필자는 봅 베이터(인포플렉스 영국), 린다 베이넘(런던 대학교 교육대학원 도서관), 조지 본드(NATO 코드 관리국), 바이런 코플레이를 비롯한 미국국회도서관의 분류지원팀, 헬렌 에드워즈(런던 대학교 경영대학원 도서관), 로라 메드허스트(영국표준협회), 마이클 밀른(세프턴 도서관), 케이스 트리키(리버풀 존 무어 대학교)를 비롯하여 여러 조직과 기관의 많은 분들께 감사드린다.

또한 이번 개정판 발간에 도움을 주신 에릭 코츠(BSO),※ 셰릴 쿡(미국국회도서관), 길리언 드와이어와 페니 캄 존스(런던 대학교 경영대학원), 켄 링크먼(리버풀 대학교), 클라우디아 메릭(영국왕립건축가협회), 리처드 무어(영국국가도서관), 피터 모스(런던 대학교 교육대학원 도서관), 모힌더 사티자 교수(인도 구루 나낙 데브 대학교)에게도 깊이 감사드린다.

더불어 초판 발간에 도움을 준 이전 동료들인 리버풀 존 무어 대학교의 직원들에게도 고마움을 전한다.

E. J. 헌터, 사우스포트, 2009

※ 에릭 코츠는 BSO 패싯분류법(Broad System of Ordering)의 핵심 개발자이다. BSO는 FID와 UNESCO의 협력으로 1978년 초판이 발행되었으며, 1991년에 개정되었다. www.ucl.ac.uk/fatks/ bso/(역자 주. 이하 이 책의 모든 각주는 역자 주이다).

이 책은 지식의 구조화와 검색을 위한 분류의 기초 연구를 지원하기 위한 것이다. 본문은 가장 기본적인 원칙부터 점진적으로 구성했으므로, 독자들이 다음 장으로 진행하기 전에 이전 장의 핵심을 잘 이해하기를 바란다. 각 장은 다양한 유형의 분류표를 구축하는 방식과 특성에 따라 설명했으며, 단계별로 이해를 돕기 위해 사례를 제시했다.

본 개정판은 이전 판을 출간한 이후에 나타난 내용을 반영했다. 예를 들어 2003년에는 듀이십진분류법 22판※이 발행되었으며, 2005년에는 런던경영학분류법의 개정판도 발행되었다. 또한 주제별 및 비즈니스 정보의 전자적 거래를 위해 최근에 개발된 분류표도 추가했다. 도서 유통에 사용되는 BIC 주제분류법과 BISAC 주제명표 및 제품 거래에 사용되는 UN 제품·서비스표준코드가 이에 해당된다.

그러나 이 책은 기초 내용만을 다루고 있다는 것을 분명히 밝혀둔다. 이 책은 심도 있는 연구나 특수분류표 및 정보처리 과정에 대한 상세한 연구로 나아가는

※ 2011년에는 듀이십진분류법 23판이 발행되었으며, 이후의 개정 사항은 온라인 버전인 웹듀이(WebDewey)로만 제공하고 있다.

관문을 제공하기 위한 것이다.

정보를 다루는 분야에서 분류는 다양한 방식으로 이용될 수 있다. 컴퓨터를 이용한 데이터 처리에 필요한 코딩과 파일이나 목록의 조직, 도서관의 서가배열, 정보서비스가 이에 속한다. 분류표는 주제명의 자모순 전거 리스트나 시소러스를 구축하는 기반이 되며, 주제색인이나 정보탐색 기법에도 이용되는데, 이러한 역할은 온라인 시스템이나 웹 환경에서도 적용된다. 예를 들면 분류는 전자상거래를 지원할 수 있는데, 제품이나 서비스에 정확한 코드를 부여하는 것은 매우 중요하며, 범주 정보는 고객의 인터넷 쇼핑을 편리하게 해준다. 이 책은 분류의 일반적인 측면을 다루고 있으며, 하나의 특수한 목적의 분류로 제한하지 않았다.

분 류 란 무 엇 인 가 ?

사람은 누구나 정보를 처리해야 하기 마련이다. 다음 그림을 한번 살펴보자.

여러분은 위에 제시된 두 형상의 차이를 알 수 있는가? 물론 알고 있을 것이다. 모른다면, 당신은 난처한 상황에 빠질 것이다. 이러한 차이를 안다는 것은 당신이 정보를 처리할 수 있다는 것을 의미하며, 이는 틀림없이 **분류**를 활용할 수 있다는 뜻이다.

근본적으로 분류 과정이란 유사한 것들을 공통의 속성이나 특성에 따라 묶어주는 것을 말한다. 분류 과정을 거치고 나면 위의 사례와 같이 상이한 것들은 저절로 분리된다. 인간은 해당 부류에만 존재하고 다른 부류에는 없는 어떠한 특성을 바탕으로 특정 부류의 구성원을 인지할 수 있다. 다음 그림을 살펴보자.

우리는 관찰을 통해서 즉시 다음과 같은 유사점을 식별할 수 있다.

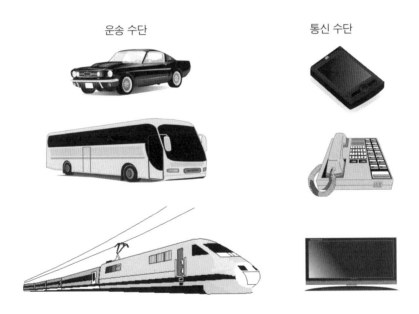

위와 같이 구분하고 묶어주는 과정에서, 유사한 것은 함께 모으고, 상이한 것

은 분리하는 분류 절차가 수행된 것이다. 이와 같이 논리적으로 생각하고 구분하는 것은 인간에게 필수적이다. 분류는 '삶과 직업을 잘 관리하기 위한 바탕'이 된다(Maltby, 1975). 우리는 TV 시리즈 〈스타트랙〉에 나오는 '스카티'처럼 텔레비전에 앉아서 직장으로 보내달라고 할 수는 없기 때문이다.

주위를 둘러보면 어디서나 우리는 분류를 활용하는 사례를 찾을 수 있다. 〈인디애나 존스〉로 유명해진 해리슨 포드의 경우를 보자. 포드가 평생 배우로 산 것은 아니었다. 1970년대 초에 그는 항상 동일하고 단조로운 역할만 주어지는 것에 불만을 품어 연기를 그만두고 목수가 되었다(Glock, 2008). 그는 매우 훌륭한 목수였고, 지금도 그의 작품들을 비버리 힐스에 있는 많은 집에서 볼 수 있다(Norman, 1997). 포드는 목재를 깎을 때면 자신의 모든 작업 도구를 종류와 크기순으로 작업실 전체에 나열해두었다(Courtenay, 1994). 그는 그렇게 하는 것이 작업을 훨씬 쉽게 만들어준다는 것을 알았던 것이다. 깎아내는 도구들을 모두 함께 모아둠으로써 포드는 깎아내는 도구를 구멍 뚫는 도구나 표면을 다듬는 도구와 분리할 수 있었다. 그는 분류의 엄청난 가치를 분명히 인식하고 있었다.

만일 포드가 동네 슈퍼마켓에 가서 상품들이 다음과 같이 진열된 것을 본다면 뭐라고 말할까?

	주류(리큐어)	양고기	빵	
콩	마가린	포도주	감자	
	케이크	맥주	소고기	
차	버터	양배추	파이	음료수
	당근		커피	
치즈	코코아	돼지고기		닭고기

매우 혼란스러울 것이다! 물건을 고르기가 너무 어려울 것이며 시간도 많이 걸릴 것이다. 분명히 포드는 다른 사람들과 마찬가지로 유사한 제품은 함께 모

므로 상이한 물건들은 분리하는 것을 선호할 것이다.

양고기	빵	주류(리큐어)	콩	차	마가린
소고기	케이크	와인	감자	커피	버터
돼지고기	파이	맥주	양배추	코코아	치즈
닭고기		음료수	당근		

　이제 우리는 주어진 정보를 처리하기가 매우 간단해졌다. 분류는 쇼핑뿐 아니라 삶의 모든 측면에서 우리를 도와준다.

참고문헌

Courtenay, Chris. 1994. "Indiana Jones and His Homely Crusade." *Daily Mail Weekend* (16 July), pp. 4~5.

Glock, Allison. 2008. "Blade Runner," *Telegraph Magazine*(10 May), pp. 46~50.

Maltby, Arthur. 1975. *Sayers' Manual of Classification for Librarians,* 5th ed., Deutsch, London, p. 15.

Norman, Barry. 1997. "Why Ford Sticks To What He Does Best." *RadioTimes*(12~18 April), p. 46.

정보시스템에서 분류의 사용

이 책에서 특히 강조하고자 하는 것은 분류 기법이 정보의 접근과 조직, 이용, 검색을 지원한다는 점이다. 정보시스템에서 분류는 매뉴얼 방식이나 컴퓨터 기반 방식으로 처리되는데, 컴퓨터 시스템에서는 개체에 코드를 부여하는 데 분류가 사용될 수 있다. 인터넷에서도 탐색엔진이나 그 밖의 검색을 위한 도구에 분류가 사용된다. 이제 우리는 어떤 방식의 색인이나 검색에서도 분류를 제외할 수 없다는 것을 알게 될 것이다. 분류는 우리의 삶에서 빼놓을 수 없기 때문이다.

▌도 서 관 및 정 보 서 비 스

분류를 사용하는 가장 일반적인 사례는 도서관이나 정보서비스 분야일 것이다. 이 분야에서는 도서나 그 외의 자료를 서가에 배열하거나, 목록 및 색인에서 정보에 대한 접근점을 제공하기 위해 주제 분류를 사용한다. 예를 들어 우리가 근처의 공공도서관을 방문한다면, 자연과학 분야의 자료들이 서가에서 서로 인접하여 배열되어 있거나 분류기호에 따라 모여 있는 것을 발견할 것이다.

수학 천문학 물리학 회화 지질학

위 사례에서 적용된 분류표는 듀이십진분류법(78쪽 참조)이나 미국국회도서
관분류법(83쪽 참조)일 수도 있다.

1장에서 해리슨 포드가 한때 연기를 그만두었다는 언급을 했다. 연기가 지루
해진 그는 '그의 집을 꼭대기부터 바닥까지 모두 긁어내어 해체하고, 집 전체를
자신이 설계한 대로 다시 짓기 전에'(Sellers, 1993) '목수가 되어 도서관에서 독학
을 했다'(Glock, 2008). 그가 도서관 서가에서 목공 관련 책을 찾았을 때, 그는 그
책들이 벽돌쌓기나 미장 공사, 배관 작업에 관한 책과 같이 그에게 유용할 만한
다른 자료들과 함께 배가되어 있음을 알게 되었다. 다시 말해 유사한 주제를 가
진 자료들이 함께 모여 있는 것도 **분류**를 이용한 것이다.

▌데이터 처리

데이터 처리에 관해서, 분류는 복합적인 정보를 다루는 데 이용되는 가장 중
요한 방법 중 하나이다. 예를 들어, 보험업 분야에서는 수많은 개인을 대상으로
보험의 보장범위에 대한 결정을 내려야 한다. 그리고 '개인의 수명이나 자동차
사고를 당할 가능성, 절도를 당할 가능성을 측정할 방법'을 찾아야 한다(Harry,
1994). '보험회사가 하는 일은 우리가 개인으로서 하는 일과 다를 바가 없다. 그
들은 대량의 정보 처리를 단순화하기 위한 기초 수단으로 공통의 특성을 사용하
여 사람들의 경험을 분류한다. 일단 당신이 어떤 인물을 '남성'이나 '54세'라는

부류에 넣을 수 있다면, 당신은 개인의 기대수명을 측정하기 위해 54세 이하의 남성에 대한 데이터 처리 결과를 사용할 수 있다'(Harry, 1994). 그러면 그 정보는 개인의 사망보험금을 계산하는 데 사용된다. 단, 이때 한 개인의 '기대 수명'은 모든 개인의 특성이 아니라 수집된 데이터의 처리 결과로 도출된 정보이다. 이러한 데이터는 코드화되었을 때 더욱 쉽게 다룰 수 있다. 클리프턴과 서트클리프는 자신들의 저서인 『경영정보시스템(Business Information System)』에서 '실용적인 목적에서는, 기술(description) 정보만 부여된다면 1000여 개 정도의 상이한 개체라도 유일하고 정확하게 식별할 수 없다. 컴퓨터 기반 시스템에서는 반드시 숫자나 문자로 구성된 코드 정보가 필요하다'고 밝혔다(Clifton & Sutcliffe, 1994).

폭넓은 코드 정보를 지속적으로 활용하는 기관 중에는 북대서양조약기구(NATO)가 있는데, 이 기관은 공급관리 기능을 지원하기 위해 분류를 사용한다(118~120쪽 참조).

▌ 인 터 넷

인터넷에서 정보를 검색할 때 '어떤 이는 모든 것이 컴퓨터로만 처리된다고 단순하게 추측하기도 한다. 그들은 구글이 그들에게 제공한 자료의 품질을 평가한 적이 없다'(Trickey, 2004). 물론 구글은 현재 주요 탐색엔진 중 하나이며, 앞으로 구글이나 그 밖의 인터넷 서비스와 같은 탐색엔진에서 분류가 담당할 수 있는 부분을 검토할 것이다. 예를 들어 인터넷에서 상품을 판매할 때, 시내 중심가에 위치한 상점과 마찬가지로 판매자는 고객이 자신의 요구에 맞는 제품을 쉽게 찾을 수 있도록 제품을 분류할 것이다. 의류 소매상은 우선 상품을 성별에 따라 '남성복'과 '여성복'으로 구분할 것이다. '여성복'의 하위항목으로는 '스포츠

빛 레저 의류'가 있을 것이고, 이 항목을 다시 '운동화', '양말', '바지', '상의'와 같이 추가적으로 구분할 수 있다.

▌주 제

독자는 1장의 14쪽에서 열거된 '대상'들이 모두 구체적인 개체인 반면, 이 장에서 열거된 '수학'과 같은 학문, '생명보험'과 같은 활동에 속하는 '대상'들은 추상적인 관념이라는 것을 알았을 것이다. 예를 들어 텔레비전은 실체가 있지만 텔레비전 도난 보험과 같은 활동은 추상적이다. 여기서는 이와 같은 구분을 단순화하여 구체적인 실체와 추상적인 관념, 또는 '심장 절개술'과 같이 이 2가지의 조합을 주제로 간주할 것이다.

주제의 복합성

정보시스템에서 분류표는 단일 개념으로 구성되는 단일주제뿐만 아니라, 단일주제를 조합하여 구성한 복합주제도 함께 다루어야 한다. 단일주제와 복합주제의 사례는 다음과 같다.

단일주제	복합주제
성(性)	성(性)심리학
아동	아동심리학
심리학	아동의 성교육
교육	심리학 교육
강철	아동심리학 교육
철사	철선(steel wires)
도금	철선의 도금

단일주제와 복합주제를 다루기 위해서 분류표는 정보시스템에 사용될 때 '계층적' 접근방식이나 '패싯' 접근방식, 또는 이 둘을 혼합한 방식을 도입할 수 있다. 계층적 접근방식은 '하향식' 기법을 이용하는데, 이 방식은 연속적인 하위구분을 통해 일련의 주제범주를 생성하는 구분 과정이다. 반면에 패싯분류는 '상향식' 기법을 이용하는데, 이 방식에서는 복합주제를 구성하는 각각의 개념들이 해당 주제를 생성하기 위한 기초 요소 역할을 한다.

예를 들어, '목재의 마감처리'라는 주제는 단계마다 계층적으로 구분될 수 있다. 각 단계는 추가적으로 하위구분된다. '착색'은 착색제의 '유형'에 따라 구분하거나, '마호가니', '오크', '티크' 등과 같이 '색상'에 따라 구분할 수도 있다. 아래 사례는 '수용성 착색제'를 나타낸 것이다.

그러므로 '목재의 마호가니 색상 수용성 착색제'라는 주제는 계층구조 내에 열거되어 있으며, 1221로 분류된다. 반면에 패싯분류에서는 패싯이나 '그룹'에 주제를 합성할 수 있는 용어를 열거해둔다. 그 예는 다음과 같다.

1 목재 마감처리

마감처리 과정 패싯
 1 탈색
 2 착색
 3 광택
 4 페인팅
 5 연마

착색제 유형 패싯
 1 알코올성(착색제)
 2 수용성(착색제)
 3 염료

목재 색상 패싯
 1 마호가니
 2 오크
 3 티크

'목재의 마호가니 색상 수용성 착색제'라는 주제는 열거되어 있지 않으므로, '착색'이나 '수용성', '마호가니'와 같은 구성요소를 합성하여 '재구성'해야 하며, 분류기호를 부여하면 1221이 된다.

위의 분류표는 일부분만을 완성한 것이지만, 이를 통해 2가지 분류 방식의 기본적인 차이점을 제시하고자 했다. 패싯분류가 지닌 속성은 '인간과 컴퓨터 모두가 더욱 쉽게 해석할 수 있도록 해준다'는 것이다(Clifton, 1994). 따라서 다음 장에서는 패싯분류 방법을 상세히 설명할 것이다.

참고문헌

Clifton, H.O. and A.G. Sutcliffe. 1994. *Business Information Systems*(5th ed.). Prentice Hall, London, p. 320.

Glock, Allison. 2008. "Blade Runner." *Telegraph Magazine,* 10 May, pp. 46~50.

Harry, Mike. 1994. *Information Systems in Business.* Pitman, London, p. 131.

Sellers, Robert. 1993. *Harrison Ford: a Biography*, Hale, London, p. 33.

패싯분류표

옥스퍼드 사전에서는 패싯을 '다면체의 한 단면'으로 정의하고 있다. 주제는 여러 단면이나 부분으로 나뉠 수 있으며, 2장에서도 살펴보았듯이 패싯이란 단어는 분석 - 합성 원칙을 따르는 분류표에 적용할 수 있다. 각 핵심 개념은 분석과 그룹화를 통해 패싯이 된다. 그리고 각 개념은 복합주제 형성을 위해 필요에 따라 조합되거나 합성된다. 다음 사례를 보면 이 원칙을 명확하게 이해할 수 있다.

맥주 회사는 330밀리리터에서 3.5리터에 이르는 다양한 크기의 캔맥주와 병맥주를 판매하며, 종류로는 '마일드'와 '비터', '라거' 맥주가 있다. 이 회사는 컴퓨터 기반 판매 시스템에 제품 코드를 등록하기 위해 패싯분류를 고안하려 한다. 이를 위해서는 코딩에 필요한 개념인 '330밀리리터', '캔', '비터' 등이 '용량', '용기', '맥주 종류'와 같은 특성을 담은 패싯으로 다음과 같이 그룹화해야 한다.

용량 패싯	용기 패싯	맥주 종류 패싯
330밀리리터	캔	마일드
440밀리리터	병	비터
550밀리리터		라거
1리터		스타우트
3.5리터		

▌기 호 법

분류표 내의 각 개념에는 반드시 기호를 부여하여, 해당 개념을 '축약된' 코드나 분류 번호로 표현할 수 있어야 한다. 숫자도 분류기호가 될 수 있는데, 다음은 위의 분류표에 분류기호를 부여한 것이다.

용량 패싯	용기 패싯	맥주 종류 패싯
1 330밀리리터	1 캔	1 마일드
2 440밀리리터	2 병	2 비터
3 550밀리리터		3 라거
4 1리터		4 스타우트
5 3.5리터		

▌분 류 절 차

분류는 개별 개념에 적합한 기호를 확인한 다음, 각 기호를 조합 또는 합성하여 온전한 주제에 적합한 코드나 분류기호를 만드는 과정이다. 예를 들어, '라거 캔맥주 440밀리리터'라는 주제를 분류하기 위해서는 먼저 다음과 같이 개별 개념으로 구분해야 한다.

440밀리리터	캔	라거

그리고 분류표에서 적합한 기호를 확인한다.

2	1	3

그다음 분리된 기호를 조합하거나 합성하여 다음과 같이 분류기호를 만든다.

같은 방식으로 다음과 같이 분류기호를 만들 수 있다.

마일드 병맥주 1리터	=	421
비터 캔맥주 3.5리터	=	512

여기서 제시한 바와 같은 분류기호를 사용할 때 혼동을 피하기 위해서는 분류기호의 길이가 고정되어 변하지 않아야 하며, 패싯이 나타내는 개념도 일관된 순서로 조합되거나 결합(cited)되어야 한다. 위 사례에서 분류기호의 결합순서는 패싯을 열거한 순서와 같다. 즉, 다음과 같다.

용량   →   용기   →   맥주 종류

만일 컴퓨터 시스템에서의 제품 코드 부여만을 위해서라면 위의 분류표만으로도 충분할 것이다. 그러나 제품의 물리적 배열 등의 다른 목적에는 적합하지 않을 것이다. 그 이유는 앞으로 본문(34~35쪽)에서 설명할 것이다.

▌ 패 싯 분 류 표 의 구 축 과 관 련 된 기 초 과 정

패싯분류표를 작성하기 위한 각 과정은 다음과 같다.

과정 1 다음과 같이 분류 대상을 적합한 개념들로 분석한다.

440밀리리터
비터
캔

```
라거
1리터
……
```

과정 2 각 개념들을 특성에 따라 패싯으로 구분한다.

용량 패싯	용기 패싯	맥주 종류 패싯
440밀리리터	캔	비터
1리터	병	마일드
……		

과정 3 분류기호를 추가한다.

```
2    440밀리리터
4    1리터
……
```

과정 4 패싯 결합순서를 정한다.

용량	→	용기	→	맥주 종류

지금까지 본문에서 구체적으로 언급하지는 않았지만, 패싯 결합순서 외에 추가적으로 결정해야 할 것이 있다. 이 결정사항을 본표 배열순서라고 하며, 분류표를 작성하거나 인쇄하는 방식과 관련이 있다. 위 사례에서 본표 배열순서는 다음과 같다.

용량	→	용기	→	맥주 종류

위 사례에서는 본표 배열순서가 패싯 결합순서와 동일하지만, 반드시 그럴 필요는 없다. 이 점에 대한 상세한 설명은 124쪽과 129쪽을 참조하기 바란다.

과정 5는 본표 배열순서를 결성하는 과정이다.

과정 5 본표 배열순서를 정한다.

분류표가 짧다면 25쪽과 같이 표로 작성할 수 있다. 그러나 분류표의 길이가 긴 경우에는 다음과 같이 열거하는 것이 더 적합하다.

용량 패싯

    1   330밀리리터
    2   440밀리리터
    3   550밀리리터
    4   1리터
    5   3.5리터

용기 패싯

    1   캔
    2   병

맥주 종류 패싯

    1   마일드
    2   비터
    3   라거
    4   스타우트

▌부동산 중개인의 매물 정보를 분류하기 위한 패싯분류표의 사례

여기에서는 독자들이 시험 삼아 패싯분류표를 작성해볼 수 있도록 간단한 패싯분류표의 사례를 제시했다. 가능하다면 31쪽에 있는 답안을 보기 전에 시도해보기 바란다.

어떤 부동산 중개인이 자신의 매물 정보를 컴퓨터에 저장하고, 판매 대상인 다양한 주택에 적용할 수 있는 코드를 고안하려고 한다. 코드 작성과 관련된 정보로는 ① 방의 개수, ② 주거 유형, ③ 지역, ④ 가격의 4가지가 있다. 다음은 부동산 중개인이 내는 일반적인 광고의 사례이다. 이 광고를 분석하여 적합한 개념 목록을 만들고, 각 개념을 이용해 중개인의 요구사항을 충족시킬 만한 패싯 분류표를 작성해보자.

방 4개인	2세대 방갈로.	애트웰 지역.	23만 5000£
방 3개인	단독 주택.	덴비 지역.	25만 9000£
방 1개인	아파트.	크로스우드 지역.	9만 5000£
방 5개인	단독 주택.	블랜포드 지역.	34만 9000£
방 3개인	2세대 주택.	덴비 지역.	16만 9000£
방 2개인	단독 방갈로.	애트웰 지역.	18만 9000£
방 3개인	연립 주택.	크로스우드 지역.	11만 9000£

가격 패싯은 5만~10만 £, 10만 £, 15만 £, 15만~20만 £와 같이 가격별 범위만 지정해도 충분할 수 있다. 주거 유형 패싯에서, '단독'과 '주택'이라는 개념은 분리해서 다룰 수도 있지만, 이 단계에서는 간단히 '단독 주택'을 단일 개념으로 간주했다.

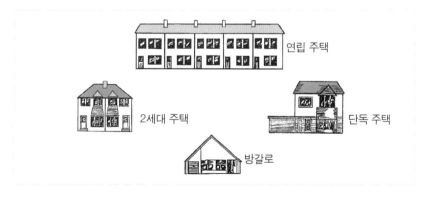

앞에 제시된 광고에 사용된 용어는 영국에서 사용된 것이며, 다음과 같이 정의될 수 있다.

아파트	가구를 비롯한 살림살이가 미리 갖춰져 있으며, 대형 건물의 각 층에서 단독세대를 구성하는 방이나 방의 집합. 플랫(flat)이라고도 한다.
연립 주택	한 건물 안에 줄지어 늘어선 집들 중 하나. 타운하우스라고도 한다.
2세대 주택	한쪽 면만 공유벽으로 맞대어 있는 두 집 중 하나.
단독 주택	다른 건물과 벽을 공유하지 않는 분리된 건물.
방갈로	지붕이 낮은 단층집.

1단계는 다음과 같이 적합한 개념 목록을 작성하기 위해, 사례에 제시된 광고를 분석하는 것이다.

> 방 4개
> 2세대 방갈로
> 애트웰
> 20만~25만 £
> 방 3개
> 단독 주택
> 덴비
> 25만~30만 £
> 방 1개
> 아파트
> 크로스우드
> 5만~10만 £
> 방 5개
> 블랜포드
> 30만~35만 £
> 2세대 주택
> 15만~20만 £

방 2개
단독 방갈로
연립 주택
10만~15만 £

　한번 목록에 열거된 개념은 다른 광고에서 다시 나타나도 반복해서 적지 않아야 한다는 것에 주의하자.

　2단계에서는 각 개념들을 특성에 따라 패싯으로 그룹화하는데, 위의 경우에는 방의 개수, 주거 유형, 지역, 가격 패싯이 있다. 예를 들어, 첫째로 열거한 개념은 '방 4개'이며, 목록을 아래로 읽어 내려가면 '방 3개'나 '방 1개'와 같은 동일한 특성을 가진 개념들을 찾을 수 있다. 이번 단계를 마치면 다음과 같은 결과물이 나온다.

방의 개수	주거 유형	지역	가격(£)
방 4개	2세대 방갈로	애트웰	20만~25만
방 3개	단독 주택	덴비	25만~30만
방 1개	아파트	크로스우드	5만~10만
방 5개	2세대 주택	블랜포드	30만~35만
방 2개	단독 방갈로		15만~20만
	연립 주택		10만~15만

　여러분은 화폐 단위를 자국에서 통용되는 단위로 변경하고 싶을 수도 있다. 예를 들어 한국이라면 원화(₩)로 표기할 수 있다.※

　3단계는 다음과 같이 분류기호를 추가하는 것이다.

※　원문에서는 예시로 미화($)를 제시했으나, 번역 과정에서 원화(₩)로 수정했다.

방의 개수	주거 유형	지역	가격(£)
1 방 4개	1 2세대 방갈로	1 애트웰	1 20만~25만
2 방 3개	2 단독 주택	2 데비	2 25만~30만
3 방 1개	3 아파트	3 크로스우드	3 5만~10만
4 방 5개	4 2세대 주택	4 블랜포드	4 30만~35만
5 방 2개	5 단독 방갈로		5 15만~20만
	6 연립 주택		6 10만~15만

4단계와 5단계는 패싯 결합순서와 본표 배열순서를 선정하는 것이다. 위의 분류표에 적용된 순서 그대로를 패싯 결합순서와 본표 배열순서로 사용한다면 분류표 작성은 완료되며, 부동산 매물 광고는 다음과 같이 분류될 수 있다.

방 2개	단독 방갈로	애트웰	18만 9000£	=	**5515**
방 1개	아파트	크로스우드	9만 5000£	=	**3333**
방 5개	단독 주택	블랜포드	34만 9000£	=	**4244**
방 3개	2세대 주택	덴비	16만 9000£	=	**2425**

여기까지가 여러분이 얻은 결과일 것이다. 위 분류표라면 컴퓨터 시스템에서는 분명히 사용할 수 있다. 그러나 사람이 직접 사용한다면 헷갈리는 점이 있는데, 여러분도 그것을 확인할 수 있을 것이다. 각각의 패싯 내에서 개념을 배열한 순서가 유용하지 않기 때문이다. 동위개념의 배열순서는 분류표 이용자에게 최대한 도움을 줄 수 있어야 한다. 예를 들어 맥주 판매를 위한 분류에서는 25쪽과 같이 용량 패싯 내의 각 개념을 크기의 증가순으로 배열하는 것이 가장 좋다.

유용한 배열순서에 대한 다른 사례도 있다. '수학'을 분류할 때는 다음과 같이 복잡성 증가순으로 배열할 수 있다.

산수
대수
미적분

'권총'이라는 주제는 다음과 같이 진화의 순서를 적용할 수 있다.

화승식 총
바퀴식 록
부싯돌식 총

부동산 중개인을 위한 분류표에 사용된 패싯에도 유용한 순서를 제안할 수 있다. 방의 개수나 가격 패싯은 숫자의 크기순으로 배열하는 것이 유용할 것이다. 주거 유형 패싯은 아파트와 단층 주거 형식을 먼저 배열하고 다층 주거형식을 배열하는 순서를 고려해볼 수 있다. 지역 패싯에는 유용한 배열순서가 명확하지 않으므로 자모순 배열을 사용할 수 있다. 이러한 방식으로 패싯 내 개념의 배열순서를 변경하여 분류표를 수정하면 다음과 같다.

방의 개수		주거 유형		지역		가격(£)	
1	방 1개	1	아파트	1	애트웰	1	5만~10만
2	방 2개	2	2세대 방갈로	2	블랜포드	2	10만~15만
3	방 3개	3	단독 방갈로	3	크로스우드	3	15만~20만
4	방 4개	4	연립 주택	4	덴비	4	20만~25만
5	방 5개	5	2세대 주택			5	25만~30만
		6	단독 주택			6	30만~35만

위와 같이 수정한 배열순서는 틀림없이 이용자에게 더 유용할 것이며, 분류 사례는 다음과 같다.

방 4개 2세대 방갈로 애트웰 23만 5000£ = **4214**

방 3개	단독 주택	덴비	25만 9000£	=	3645
방 1개	아파트	크로스우드	9만 5000£	=	1131
방 5개	단독 주택	블랜포드	34만 9000£	=	5626
방 3개	2세대 주택	덴비	16만 9000£	=	3543
방 2개	단독 방갈로	애트웰	18만 9000£	=	2313
방 3개	연립 주택	크로스우드	11만 9000£	=	3432

▌본 표 배 열 순 서 의 영 향 력

부동산 중개인이 이 분류표를 컴퓨터 정보시스템뿐만 아니라 자료의 물리적
배열에도 사용한다면, 물리적 배열순서는 다음과 같을 것이다.

```
1131
2313
3432
3543
3645
4214
5626
```

위 배열을 잘 살펴보면, 패싯 결합순서에 따라 방의 개수가 같은 주택은 모이
는 반면에 유사한 주거형식(예를 들면 단독 주택)이나 지역, 가격을 가진 주택은
분산되는 것을 알 수 있다. 과연 부동산 중개인이 이와 같은 배열방식을 원할까?
부동산 중개인이 매물을 우선 지역별로 구분한 다음, 주거형식, 방의 개수, 가격
에 따라 구분하기를 원했다고 가정해보자. 이 요구에 따른다면 패싯 결합순서
는 다음과 같이 수정되어야 한다.

지역 → **주거 유형** → **방의 개수** → **가격**

본표 배열순서를 수정하지 않는다면, 패싯 결합순서는 다음과 같이 나타낼 수 있다.

| 3차 패싯 | → | 2차 패싯 | → | 1차 패싯→ | 4차 패싯 |

위와 같은 순서를 적용하면 분류기호는 다음과 같이 수정된다.

방 4개	2세대 방갈로	애트웰	23만 5000£	=	1244
방 3개	단독 주택	덴비	25만 9000£	=	4635
방 1개	아파트	크로스우드	9만 5000£	=	3111
방 5개	단독 주택	블랜포드	34만 9000£	=	2656
방 3개	2세대 주택	덴비	16만 9000£	=	4533
방 2개	단독 방갈로	애트웰	18만 9000£	=	1323
방 3개	연립 주택	크로스우드	11만 9000£	=	3432

그러나 실제 분류표에서는 본표 배열순서와 패싯 결합순서를 동일하게 하거나, 반대로 설정하는 것이 편리하다. 다음은 본표 배열순서와 패싯 결합순서를 동일하게 맞춘 사례이다.

	지역		주거 유형		방의 개수		가격(£)
1	애트웰	1	아파트	1	방 1개	1	5만~10만
2	블랜포드	2	2세대 방갈로	2	방 2개	2	10만~15만
3	크로스우드	3	단독 방갈로	3	방 3개	3	15만~20만
4	덴비	4	연립 주택	4	방 4개	4	20만~25만
		5	2세대 주택	5	방 5개	5	25만~30만
		6	단독 주택			6	30만~35만

물론 이 경우에 분류기호는 위의 분류 사례와 동일하다.

방 4개	2세대 방갈로	애트웰	23만 5000£	=	**1244**

그리고 물리적 배열순서는 다음과 같다.

```
1244
1323
2656
3111
3432
4533
4635
```

위와 같이 수정하면, 부동산 중개인의 요구를 충족시킨다. 이제 애트웰 지역과 크로스우드 지역, 덴비 지역이 같이 묶이고, 동일 지역 내에서는 유사한 주거유형대로 모일 것이다.

패싯 결합순서를 조정하기 전의 물리적 배열순서

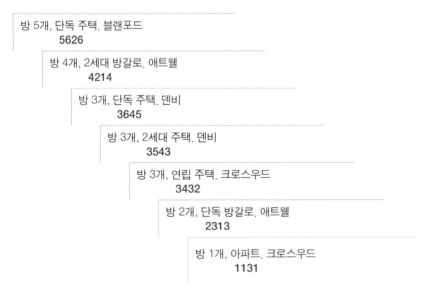

방 5개, 단독 주택. 블랜포드
5626

방 4개, 2세대 방갈로. 애트웰
4214

방 3개, 단독 주택. 덴비
3645

방 3개, 2세대 주택. 덴비
3543

방 3개, 연립 주택. 크로스우드
3432

방 2개, 단독 방갈로. 애트웰
2313

방 1개, 아파트. 크로스우드
1131

패싯의 조합이나 결합순서를 정하는 것은 함께 모이는 주제와 흩어지는 주제를 결정하므로 매우 중요하다. 따라서 이용자 요구를 분명히 고려해야 한다.

패싯 결합순서를 조정한 후의 물리적 배열순서

덴비. 2세대 주택· · ·
　　　4533
　덴비. 단독 주택· · ·
　　　　4635
　　블랜포드. 단독 주택· · ·
　　　　　2656
　　　애트웰. 2세대 방갈로· · ·
　　　　　　1244
　　　　애트웰. 단독 방갈로· · ·
　　　　　　　1323
　　　　　크로스우드. 아파트· · ·
　　　　　　　　3111
　　　　　　크로스우드. 연립 주택· · ·
　　　　　　　　　3432

컴퓨터 기반 정보시스템에서는 모든 패싯의 개념을 포함하지 않는 주제를 탐색하는 것도 상대적으로 쉽다. 단 하나의 필요한 개념만 찾을 수 있도록 시스템을 프로그래밍할 수 있는 것이다. 예를 들어, 첫 번째 분류기호가 1이고 두 번째 기호가 2인 '문자열'을 탐색하거나, 다음 기호에는 관계없이 첫 번째 분류기호가 1인 문자열을 탐색할 수 있다. 그러나 매뉴얼 시스템에서는 다음과 같은 주제에 분류기호를 부여하는 능력을 갖추어야 한다.

　　　　블랜포드 지역 아파트
　또는　　블랜포드 지역

이 경우와 같이 특정 패싯의 개념이 필요하지 않을 때는 0 기호를 사용함으로써 해결할 수 있다.

블랜포드 지역	분류기호: 2000
블랜포드 지역 아파트	분류기호: 2100

이 방법은 매우 간단한 분류표에서는 효과적이지만, 복잡한 경우에는 그렇지 않다. 컴퓨터 기반 정보시스템에서는 0을 사용하는 데 주의를 기울여야 한다. 컴퓨터는 숫자열 맨 앞의 0을 삭제하는 관행이 있다. 대안으로 다른 기호체계를 고안할 수도 있다. 예를 들면 각 패싯을 구분하기 위해 패싯마다 다른 기호를 사용할 수 있다. 지역 패싯에는 대문자를 쓰고, 주거 유형 패싯에는 소문자를 사용하고, 방의 수 패싯에는 숫자를, 가격 패싯에는 P 문자 뒤에 숫자를 사용할 수 있다(이 경우에는 지역 패싯 뒤에 P 문자를 사용하지 말아야 한다).

	지역		주거 유형		방의 개수		가격(£)
A	애트웰	a	아파트	1	방 1개	P1	5만~10만
B	블랜포드	b	2세대 방갈로	2	방 2개	P2	10만~15만
C	크로스우드	c	단독 방갈로	3	방 3개	P3	15만~20만
D	덴비	d	연립 주택	4	방 4개	P4	20만~25만
		e	2세대 주택	5	방 5개	P5	25만~30만
		f	단독 주택			P6	30만~35만

어떤 기호를 선택하든, 분류기호는 각 패싯에서 미리 지정한 동위개념의 배열순서를 반영해야 하며, 그 순서가 변경되어서는 안 된다. 분류기호로는 숫자나 알파벳 문자를 사용할 수 있다.

조기성(또는 '기억보조도구')을 위한 요소가 각 패싯에 적용되었음에 주목하자. 예를 들어 A는 '애트웰', B는 '블랜포드'를 가리킨다. 이와 같이 기호가 개념의 첫 문자와 일치하면 문자 조기성이라고 한다. 독자는 '방의 개수' 패싯에서도 조기성 특징을 발견했을 것이다. 1은 방 1개, 2는 방 2개를 가리킨다. 이와 같은 분류기호를 이용한 분류 사례는 다음과 같다.

크로스우드 지역의 방 1개인 아파트. 가격은 약 9만 5000£	=	Ca1P1
블랜포드 지역에 있는 아파트	=	Ba
블랜포드 지역	=	B

1가지 기호만 사용할 수도 있는데, 그 예로 모든 패싯에 대문자를 사용하고 혼동되지 않도록 빗금(/)과 같은 패싯연결장치를 도입하는 것을 들 수 있다. 다음은 이러한 방식의 기호를 적용한 사례이다.

지역	주거 유형	방의 개수	가격(£)
AA 애트웰	BA 아파트	CA 방 1개.	DA 5만~10만
AB 블랜포드	BB 2세대 방갈로	CB 방 2개.	DB 10만~15만
AC 크로스우드	BC 단독 방갈로	CC 방 3개.	DC 15만~20만
AD 덴비	BD 연립 주택	CD 방 4개.	DD 20만~25만
	BE 2세대 주택	CE 방 5개.	DE 25만~30만
	BF 단독 주택		DF 30만~35만

위 방법을 적용한 분류기호의 사례는 다음과 같다.

크로스우드 지역의 방 1개인 아파트. 가격은 약 9만 5000£	=	AC / BA / CA / DA
블랜포드 지역에 있는 아파트	=	AB / BA
블랜포드 지역	=	AB

각 패싯에 서로 다른 문자를 할당하는 경우에 한해 단일문자(one-letter) 분류기호를 사용할 수도 있다. 예를 들면, 첫 번째 패싯에 A~D를 사용하고 두 번째

패싯은 E부터 사용하는 방식이다. 모든 패싯이 A로 시작한다면 A만으로는 '애트웰'인지 '아파트'인지, '방 1개'인지, '5만~10만 £'인지 명확히 알 수 없다. 마찬가지로, A/A는 '애트웰 지역의 아파트'일 수도 있고, '방 1개인 아파트'일 수도 있다.

동일한 패싯에 속한 두 개의 개념이 모두 주제의 일부가 되는 경우도 반드시 고려해야 한다. 예를 들어 '블랜포드 지역에 있는 10만 £ 이상 20만 £ 이하의 단독 주택'의 사례가 있을 수 있다. 이러한 주제를 다루기 위해서는 다음 사례와 같이 덧셈 부호(+)와 같은 추가적인 연결기호가 필요하다.

블랜포드 지역에 있는 10만 £ 이상 20만 £ 이하의 단독 주택
= AB / BF / DB+DC
또는 = AB / BF / DB+C

이 장치를 이용하여 다음과 같이 '연립 주택과 2세대 주택, 단독 주택'을 모두 포함하는 '주택'이라는 개념도 분류할 수 있다.

블랜포드 지역에 있는 30만 £ 이상의 주택 = AB/BD+E+F/DF

이제 독자는 개별 패싯에서 나온 개념들이 하나의 주제에 빠짐없이 포함될 필요는 없다는 것을 알 것이다. 따라서 분류기호를 할당할 때, '연립', '2세대', '단독'과 같은 개념들을 별도의 패싯으로 구성하는 것이 바람직할 것이다. 이러한 방식으로 분류표를 수정하면 다음과 같다.

지역		방 개수	
AA	애트웰	DA	방 1개
AB	블랜포드	DB	방 2개
AC	크로스우드	DC	방 3개

AD	덴비	DD	방 4개
		DE	방 5개

주거 유형

BA	아파트		**가격(£)**
BB	방갈로	EA	5만~10만
BC	주택	EB	10만~15만
		EC	15만~20만

물리적 상태

		ED	20만~25만
CA	연립	EE	25만~30만
CB	2세대	EF	30만~35만
CC	단독		

다음은 위 방법을 적용한 분류기호의 사례이다.

애트웰 지역에 위치한 방 4개인 2세대 방갈로. 가격은 약 23만 5000£.	= **AA / BB / CB / DD / ED**
크로스우드 지역의 방 1개인 아파트. 가격은 약 9만 5000£.	= **AC / BA / DA / EA**
블랜포드 지역에 위치한 아파트	= **AB / BA**
블랜포드 지역	= **AB**

실제로 위의 사례와 같이 주로 대문자를 분류기호로 사용한 분류표로는 런던 경영학분류법(53~56쪽 참조)이 있다. 또 다른 분류표에서는 주로 주류에는 대문자를 사용하고, 하위구분에는 숫자를 혼합하여 사용하는데, 그러한 사례로는 건설정보통합분류법(49~53쪽 참조)이 있다.

매뉴얼 시스템에서는 분류기호가 복잡해질수록 문제가 될 수 있지만, 컴퓨터 기반 환경에는 별문제가 되지 않는다. 기계는 아주 복잡한 기호도 쉽게 처리할 수 있다. 그러나 산업 분야에서는 때로 제품이나 이외의 아이템 코드에 숫자만으로 구성된 동일한 길이의 기호를 선호한다는 것에 주의하자. 44~45쪽에서 설명한 기계용 나사의 분류도 이러한 경우에 속한다.

분류표의 설계자는 개념의 열거와 구분 단계에서 반드시 사전에 조합할 개념의 수준(예를 들면 '단독'과 '주택'으로 구분할지, '단독 주택'으로 할지)을 결정해야 한다. 이때에는 분류표의 목적과 목표, 분류표를 적용할 정보시스템의 유형을 고려한다.

▌색 인 및 서 문

우리는 지금까지 분류표의 본표를 살펴보는 것을 통해 주제를 분류할 수 있었다. 그러나 분류표가 더욱 포괄적이고 복잡한 체계로 발전함에 따라, 분류표를 살펴보는 일이 점점 어려워지거나 불가능해질 수도 있다. 따라서 분류표에는 본표의 특정 위치에 있는 개념과 분류기호를 더욱 체계적으로 찾기 위한 자모순 색인이 필요하다. 패싯분류표에 제시된 색인의 일부는 53, 56, 58~59, 63쪽에서 제시했다. 더불어, 분류표의 서문도 작성해야 한다. 서문은 분류표의 사용법을 설명해주고, 각각의 설명에 맞는 사례를 제공한다. 패싯분류표에서는 특히 패싯 결합순서와 기호의 조합 방법을 제시하는 것이 중요하다. 다만 서문은 분명하고 정확하면서도 가능한 한 간결해야 한다.

▌분 류 표 의 완 성 − 구 축 절 차

분류표 구축 절차를 요약해보기 전에, 마지막으로 짚고 넘어가야 할 중요한 부분이 남았다. 38~41쪽에 사례와 함께 제시한 자모순 분류기호에 대한 설명에서도 알 수 있듯이, 패싯 결합순서와 본표 배열순서는 그 영향력이 매우 크므로 분류기호를 부여하기 전에 반드시 결정해야 한다. 따라서 분류기호의 할당은 대부분의 경우에 패싯 결합순서와 본표 배열순서를 결정한 다음에야 효과적으로 이루어진다. 이를 감안하여 전체 과정을 8가지 과정으로 구분할 수 있다.

1 개념 분석
2 개념의 그룹화
3 동위개념의 배열순서 결정
4 패싯의 결합순서 결정
5 본표 내의 본표 배열순서 결정
6 분류기호 할당
7 색인 작성
8 서문 작성

지금까지 살펴본 바와 같이, 모든 경우에 위의 8가지 과정이 전부 필요한 것은 아니다. 예를 들면 컴퓨터 기반 정보시스템 내의 개체에 코드를 부여하는 단순한 분류표도 있다.

분석 단계에서는 해당 주제 분야의 문헌을 분석하여 적합한 개념이나 용어를 선정해야 한다. 각 분야의 용어집이나 사전, 백과사전, 색인·초록지, 기존에 나온 다른 분류표와 같은 정보원을 사용하는 것으로 충분할 것이다. 그러나 일반적인 정보원이 부적합하거나 최신 용어가 필요하다면 직접 텍스트 자체를 살펴볼 필요가 있을 것이다. 예를 들어 부동산 중개인을 위한 분류표라면 실제 광고 문구에 나오는 용어를 사용해야 한다.

패싯분류표의 실제 사례

이 장에서는 대표적인 패싯분류표를 간략히 살펴볼 것인데, 여기에는 패싯분류표의 '아버지'인 랑가나단의 **콜론분류법**도 포함된다. 1920년대에 **콜론분류법**이 고안된 이래로, 이 분류표는 많은 일반분류표와 특수분류표를 비롯하여 '연쇄색인'과 같은 정보관리 도구의 개발에 영향을 주었다(171~173쪽 참조).

사례 1 **기계용 나사의 분류** (Crawford, Cann and O'Leary, 1994)

이것은 컴퓨터 기반 업무 시스템에 사용하기 위한 기계용 나사의 패싯분류표이다. 이 분류표를 이용하면 각 유형별 나사에 유일한 식별 코드를 부여할 수 있다. 각 나사는 다양한 재료와 다양한 나사산의 크기, 나사의 머리형, 표면 처리 방법에 따라 구분된다.

재료
1 스테인리스 스틸
2 놋쇠
3 강철

나사산 크기

    1   0 BA

    2   1 BA

    3   2 BA

    ......

머리형

    1   원형

    2   평면

    3   육각형

    4   사각형

표면 처리

    1   처리 안 함

    2   크롬 도금

    3   아연 도금

    4   페인트칠

패싯 결합순서는 본표의 패싯배열순서와 동일하므로, 분류기호의 사례는 다음과 같다.

크롬 도금된 놋쇠 재질의 사각 머리형, 2BA 나사산	= 2342
마감처리를 안 한 강철 재질의 평면 머리형, 1BA 나사산	= 3221

이 분류표의 서문에는 패싯 결합순서가 본표 배열순서와 동일하다는 설명이 있어야 할 것이다. 그러나 이 분류표는 매우 단순하므로 색인이 필요하지는 않으며, 분류표를 훑어보는 것만으로도 분류가 가능하다. 또한 나사산의 크기 패싯에 오름차순이 적용된 것을 제외하면, 동위개념의 배열순서에 별다른 주의를 기울이지 않았다는 것도 분명히 알 수 있다.

사례 2 브리슈건축분류법 (E. G. Brisch, 연도미상)

건축산업은 수년간 패싯분류표의 주요 이용자였으며, 이 분야의 정보를 처리하기 위해 다양한 패싯분류표가 개발되었다. 이 분야에서 첫 번째로 개발된 패싯분류표는 브리슈건축분류법일 것으로 추측되는데, 브리슈와 그의 동료들이 영국표준협회와 같은 관련 기관과 협력하여 고안한 것이다. 카일(Kyle, 1956)에 따르면, 브리슈는 패싯분석을 '매우 간단하고 경제적으로' 적용할 수 있었으며, 그의 분류표는 '많은 기술 분야에서 실용적으로 사용되었다'고 한다. 카일은 브리슈건축분류법의 사례를 제시했다. 분류표에 등장하는 각 개념은 한 쌍의 숫자로 이루어진 분류기호로 표시되며, 하나의 주제는 1개에서 9개의 숫자쌍을 통해 분류될 수 있다. 예를 들어, '모듈 설계'는 '01', '강철'은 '35', '골조'는 '63'이다. 따라서 분류 결과는 다음과 같다.

강철 골조의 모듈 설계 =

01	35	63

각 기호는 9개의 칸 중 적합한 하나의 장소에 있는 '데이터시트'의 앞부분에 입력되는데, 해당되지 않는 칸은 비워둔다. 이때, 첫 줄의 첫 번째 칸에는 0으로 시작하는 기호쌍이, 둘째 줄의 첫 번째 칸에는 1로 시작하는 기호쌍이, 셋째 줄의 첫 번째 칸에는 2로 시작하는 기호쌍이 들어간다. 이용자는 자신이 가장 관심 있는 개념이 들어 있는 시트와, 가장 중요하게 여기는 개념이 들어 있는 시트 사이에 상호참조를 작성할 수 있다. 이 분류표에는 총 90개의 개별 개념만 열거되어 있으므로 색인은 필요하지 않다. 개별 개념을 열거했다는 점에서 이 분류

표는 패싯분류표이나, 매우 간단하다는 특성상 패싯 결합순서도 필요하지 않다 (138~139쪽과 168~170쪽도 참조).

이 분류표는 3자리 기호로 확장되었으나, 여러 가지 목적을 고려하더라도 2 자리 기호만으로 충분하다고 여겨졌다.

사례 3 CI/SfB 건설정보색인매뉴얼 (Ray-Jones and Clegg, 1976, 1991) 및 건설정보통합분류법 (Crawford, Cann and O'Leary, 1997)

수년간 *CI/SfB* 분류법(CI/SfB)은 건축산업 분야에서 기업 자료실의 구축이나 제품 정보의 조직 및 교환에 널리 사용되었다.

건축산업 분야의 문헌에서 추출된 용어는 각각의 개별 패싯에 속하는데, 다음과 같이 5개의 범주가 있다.

표 0	**물리적 환경**		0~9
	사례: 71	학교	
	94	위생 시설	
표 1	**요소**		(--) 또는 (1-)~(9-)
	사례: (27)	지붕	
	(71)	순환장치 부품	
표 2	**건축양식, 형식**		A~Z
	사례: S	경질 타일공사	
표 3	**재료**		a~z
	사례: n	고무, 플라스틱, 기타	
표 4	**활동, 요건**		(A)~(Z)
	사례: (Aq)	시험, 평가	
	(J3)	강도, 변형에 대한 저항	

앞에서 설명한 바와 같이, 분류는 주제분석, 개별 개념에 적합한 분류기호의 할당, 패싯 결합순서와 분류기호의 조합 지침에 따른 합성을 통해 이루어진다. 예를 들어 아래 주제는 다음과 같이 분류된다.

학교 지붕에 사용한 플라스틱 타일의 강도

주제를 개별 개념으로 분석한다.

강도	플라스틱	타일	학교	지붕

개별 개념에 분류기호를 할당한다.

(J3)	n	S	71	(27)

본표 배열순서를 패싯 결합순서로 이용하면, 분류기호는 다음과 같다.

71(27) Sn(J3)

위 사례는 특수한 요건이 없는 경우에 사용할 수 있는 패싯 결합순서이며, *CI/SfB*에서는 이용자에 따라 우선순위가 다를 수 있다는 점을 인정한다.

분류기호는 상당히 '혼합형'의 성격을 띠는데, 숫자와 알파벳 대문자, 소문자를 비롯한 다른 기호도 포함되어 있다. 혼동을 피하기 위해서는 기호를 바꾸거나 괄호 안에 기호를 넣어서 각 패싯을 차별화해야 한다. 예를 들어 '71 학교'는 기호를 괄호로 묶은 항목인 '(71) 순환장치 부품'과 구별된다.

하나의 주제는 상이한 패싯에 속한 개념뿐만 아니라, 동일한 패싯에 속한 2가지 이상의 개념을 포함할 수 있다. 예를 들어 '학교 위생시설'이라는 주제에 속한 개념인 '위생시설'과 '학교'는 모두 표 0에 해당하는 항목이다. 패싯분류표는 반드시 이러한 상황을 다룰 수 있어야 한다. *CI/SfB*에서는 동일한 패싯에서 나온

2가지 개념을 연결하기 위해 다음과 같이 콜론 기호를 사용한다.

> 71 : 94

그러나 이미 괄호를 포함하는 기호에는 콜론 기호를 사용할 필요가 없으므로, '타일 강도의 시험'이라는 주제의 분류기호는 다음과 같다.

> S(Aq)(J3) 또는 더욱 정확하게 S(J3)(Aq)

*CI/SfB*에서 동일 패싯 내의 일반적인 패싯 결합순서는 '요건(강도)-활동(시험)'이기 때문이다.

*CI/SfB*를 사용하면 매우 상세한 주제까지 분류를 할 수 있지만, 이와 같은 상세성은 제품 정보의 분류와 같은 특정한 상황에서만 요구될 것이다. 많은 사내 자료실이 대부분의 주제에 대해 소량의 문서만을 가지고 있으므로, 이 정도의 상세성을 필요로 하지 않을 수 있다. 이 경우를 위해 *CI/SfB*에서는 주로 '표 1' 및/또는 '표 2' 및/또는 '표 3'으로 구성된 '기초 분류표(basic reference)'를 권하고 있다(Ray-Jones and Clegg, 1991: 160). 자료실의 규모가 커질수록 *CI/SfB*는 추가적인 상세한 요건을 제공할 수 있다.

분류표의 효율적인 사용을 위해서는 자모순 주제색인이 제공된다. 일반적인 패싯분류표에서와 같이 이 색인은 '단일주제만 포함하며 블록·벽돌·관리·축대 벽과 같은 단일 용어에 대해서만 분류기호를 제공하고, 복합주제에 대해서는 제공하지 않는다'(Ray-Jones and Clegg, 1976: 177).

절대로 색인만 보고 분류해서는 안 된다는 사실과 관련하여(69~70쪽 참조), CI/SfB 색인의 각 페이지에는 '이 색인에 제시된 개별 항목의 맥락을 확인하기 위해 본표를 참조하시오'라는 주기가 포함되어 있다.

건설정보통합분류법(Uniclass)은 *CI/SfB* 의 후속 분류표로서, 1997년에 처음 발행되었다.[1] Uniclass는 영국의 국가건축물명세서 제공서비스(NBS Services)의 자문을 받아 개발되었으며, 점차 건축산업 분야에서 수용되었다. Uniclass를 도입한 초기에 Uniclass 코드는 상거래 관련 문헌에서 *CI/SfB*와 같이 기재되었는데, 자연적인 감소와 선별적 제적을 통해, *CI/SfB*로만 분류된 기존의 자료가 새 분류표로 교체해도 지장이 없을 만한 분량으로 줄 때까지 이와 같은 관행이 지속되었다.

Uniclass는 그 이름이 암시하듯이 *CI/SfB*뿐 아니라 다른 분류표도 일부분 수용했다. Uniclass는 1994년에 제정된 ISO 기술보고서 14177 『건축분야 정보의 분류』에 제시된 국제적 틀을 수용했다. 또한 Uniclass는 영국의 국가표준인 BS ISO 12006-2:2001 『건물 건축 - 건축 관련 정보의 조직 - 3: 객체 지향 정보를 위한 구조』를 적용했다. 그리고 2008년 1월에 발행된 새로운 실무 지침인 BS 1192:2007 『건축, 공학, 건설 정보의 협동 생산』에서는 Uniclass의 사용을 권고했다.

Uniclass는 15개의 '표'로 구성되어 있으므로 5개의 표로 구성된 *CI/SfB*에 비해 건축 정보에 관한 폭넓은 패싯을 표현할 수 있다. 그리고 매우 복잡한 혼합기호법을 사용하는 *CI/SfB*에 비해 분류기호가 상당히 단순해졌다. 각 패싯에는 하나의 대문자가 할당되어 있으나 2개의 대문자로 구성된 J와 K는 예외이다. 패싯 내의 개념들은 숫자로 식별되는데, 그 사례는 다음과 같다.

A	정보의 형식
	예. A26특허
B	주제 분야
C	관리
	예. C432 마케팅, 판매
D	시설
	예. D32 업무시설

D41	의료시설(병원)
D71	교육시설(학교)
D711	유치원
D712	초등학교
D713	중학교
D714	고등학교
D731	전산시설, 컴퓨터실
D94	위생시설

E   건축 개체

예. E2	터널
E3	제방, 축대 벽 등
E5	교량

F   공간

G   건물 구성요소

| 예. G24 | 지붕 |
| G331 | 바닥 마감재 |

H   토목공사 구성요소

J   건물의 작업 구분

K   토목공사의 작업 구분

L   건축 용품

예. L521 지붕 타일

M   건축 지원

N   속성 및 특성

| 예. N311 | 구조의 강도/안정성 |
| N312 | 재료의 강도, 구조의 구성요소 |

P   재료

예. P71 플라스틱

각 표는 '단독' 표로 사용되거나 복합주제를 분류하기 위해 상이한 표에서 용어를 추출해 조합할 수도 있다. 분류기호는 3개의 주된 조합기호를 사용하여 다양하게 합성할 수 있다. 조합기호에는 쌍점(:), 빗금(/), 덧셈 부호(+)가 있다. 국제십진분류법(102~107쪽도 참조)에 대한 지식이 있는 독자라면 이와 같은 기호들을 알고, 이 기호들이 유사한 방식으로 사용된다는 것을 알 것이다. 가장 많이 사용된 기호는 쌍점인데, 이것이 분류기호 구축의 기본적인 체계이기 때문이다. 개별 기호는 동일한 부류나 상이한 부류로부터 조합될 수 있다. 예를 들면 다음과 같다.

고등학교의 컴퓨터실	=	D714 : D731
플라스틱 지붕 타일	=	L521 : P71

Uniclass에서 기본적인 패싯 결합순서는 본표 배열순서와 동일하다. 그러나 *CI/SfB*에서와 마찬가지로 '다른 기관에서 할당할 가능성이 있는 분류기호와의 호환성이 문제되지 않는다면, 용도에 따라 이용자가 패싯 결합순서를 설정할 수 있다'(Crawford, Cann and O'Leary, 1997: 15). 예를 들어 '병원의 바닥 마감재'라는 주제는 일반적으로 D41:G331이라는 기호를 할당받을 것이다. 그러나 어떤 기관에서 '건물'보다 '구성요소'를 우선적으로 분류하기를 원한다면, 분류기호가 G331: D41이 될 수 있다.

빗금(/)은 연속적인 요소의 범위를 나타내며, 덧셈 부호(+)는 비연속적인 요소의 범위를 나타내는 데 사용된다. 그 사례는 다음과 같다.

중·고등학교	=	D713 / D714
중·고등학교의 컴퓨터실	=	D713 / D714 : D731
터널과 다리	=	E2 + E5

이 외에도 Uniclass에는 '일반적으로는 사용되지 않는' 2개의 특수 기호인 '〈'(이하)와 '〉'(이상)이 있다(Crawford, Cann and O'Leary, 1997: 13). 이 기호가 사용되는 예를 들면, D32〈D71은 '학교의 일부로서의 업무시설'을 나타낸다. 한편 D71〈D32는 '업무 시설의 일부로서의 학교'가 되므로 패싯 결합순서는 매우 중

요하다.

*CI/SfB*와 같이, Uniclass는 자모순 색인에 개별 개념만을 나열했는데, 예를 들면 다음과 같다.

계량기	L7451
전기	L74521
가스	L7135
주차	L21531
수도	L7118
환기	
자연식	L7535
터널식	M616

위에 제시된 색인의 일부를 잘 살펴보면, 본표에서 분산되었던 주제의 한 측면을 모아줌으로써 색인이 본표를 보완한다는 것을 알 수 있다. 예를 들어 '환기'는 서로 다른 여러 패싯에서 나타나는 개념이다. 색인은 한 주제의 다양한 측면을 모아주는 것, 즉 '집중'하는 것을 지원한다. 이러한 색인을 '상관색인'이라고 하며, 전문용어를 사용하자면 '분산된 관련 개념(distributed relatives)들을 집중시키는 것'이라고 할 수 있다.

사례 4 런던경영학분류법 (2005)

런던경영학분류법의 초판은 1965년 영국(런던과 맨체스터)에 2개의 경영대학원이 설립됨에 따라 경영학 교육 분야가 급격히 확장된 결과로서 개발되었다. 이 분류표는 국제적으로 널리 알려졌으며, 다수의 경영학도서관과 정보서비스 분야에서 사용되었다.

이 분류표는 경영학 분야를 다음과 같이 3개의 주요 범주로 구분했다.

> 기업 내의 관리책임
>
> 환경 연구(경제학, 사회학, 심리학, 교육학, 법학, 정치학 및 과학과 기술, 경영과 관리와 관련된 모든 것)
>
> 기초 분석기법

　상위 범주 아래에는 '마케팅'('관리책임'의 하위 범주), '산업'('환경'의 하위 범주), '통계'('기법'의 하위 범주)와 같은 다수의 하위 범주가 있다. 각 주류의 하위에는 알파벳 대문자를 포함한 기호가 부여된 개별 개념이 열거되어 있다. 패싯 간의 혼동을 피하기 위한 연결장치로는 빗금(/)을 사용했다.

　예를 들어 F 클래스 인적자원 관리의 하위 범주에는 FF='급여'가 있고, K 클래스 산업의 하위 범주에는 KTC='정유 산업'이 있다. 기본 패싯 결합순서는 본 표 배열순서와 동일하게 자모순이므로 분류 사례는 다음과 같다.

정유산업 분야의 급여	=	FF/KTC

추가적인 사례를 제시하면 다음과 같다.

재무관리	=	EE
재무 모델링	=	EE/TK
(TK = 수학 모형)		
인터넷 뱅킹	=	ECB/WR
(ECB = 뱅킹, WR = 인터넷)		
화재 보험 사기	=	ECNK/LWJR
(ECNK = 화재보험, LWJR = 사기)		

　자모순 패싯 결합순서에는 2가지 예외가 있다. A 클래스 '관리'는 반드시 맨 마지막에 결합하며(cited), P 클래스 '법률'은 반드시 맨 처음에 결합한다. 분류

사례는 다음과 같다.

정유산업 분야의 관리 (AA = 관리)	=	**KTC/AA**
급여 관련 법률의 제정 (PA = 법률 또는 입법)	=	**PA/FF**

　이처럼 일반적인 패싯 결합순서를 따르지 않은 이유는, 모든 법률 도서를 집중시키고, 관리 범주에 지나치게 많은 자료가 분류되는 것을 피하기 위함이다. 경영학 전문도서관에서는 관리 범주와 관련된 문헌이 많기 때문이다. 본문의 집필 당시, 런던 대학교 경영대학원 도서관의 목록에서 '관리'로 검색했을 때 4000건 이상의 '검색결과'가 나왔다. 그러나 분류표에서 추천하는 패싯 결합순서는 권고안일 뿐이다. '분류담당자는 원하는 패싯 결합순서를 사용할 수 있다' (Vernon, 1979: 10). 산업 분야에서는 그 분야의 제품에 대한 분류기호에 1자리 숫자(2)로 된 보조표를 추가할 수 있는데, 그 사례는 다음과 같다.

석유	=	**KTC2**

　이와 유사하게, KSC가 '도로건설 산업'이라면,

도로	=	**KSC2**

　이 외에도 '사람 및 직무 역할', '지역', '시간', '형식'과 같이 다양한 표준구분을 위한 보조표가 있다. 예를 들면 다음과 같다.

자영업자를 위한 연금제도 (FGB = 연금제도, 161 = 자영업자)	=	**FGB 161**

```
싱가포르의 주택          =     FHC 55362
(FHC = 주택,  55362 = 싱가포르)

전략경영 사례연구        =     AD 79
(AC – 기업진락,  79 – 사례연구)
```

주제어의 자모순 목록은 다음과 같이 색인뿐 아니라 본표에도 적용된다.

의류 및 신발 산업   KM
. . .

클러스터 분석   UKC
. . .

클럽 및 술집   KWDC
. . .

클로즈드 숍※   GEB
. . .

폐쇄회로 텔레비전   MPMF

또한 용어를 함께 연결한 계층관계도 나타낼 수 있다. 계층관계에 대해서는 12장에서 충분히 설명하고 논의할 것이다.

사례 5 BSO 패싯분류법 (1991)

비교적 최근에 나온, 현대식 색인과 분류 이론에 바탕을 둔 새로운 일반분류표 2가지가 있다. 하나는 서지분류법 2판(96~97, 107~110쪽 참조)이고, 다른 하나는 BSO 패싯분류법(BSO)이다. BSO는 정보 교환을 위해 유네스코의 지원과 유엔 정부 간 과학기술정보시스템(UNISIST)의 후원을 받아 국제다큐멘테이션연

※ 이해를 같이하는 모든 노동자를 조합에 가입시키고, 조합원임을 고용의 조건으로 삼는 노사 간의 협정을 가리킨다(자료: 위키백과).

맹(FID)이 개발한 것으로, 3명의 분류 전문가인 코츠(Coates)와 로이드(Lloyd), 시맨들(Simandl)로 구성된 FID/BSO 패널이 개발했다. 주제어는 '기관 근거 (organizational warrant)'를 바탕으로 구성했으므로, 각 주제는 그것에 해당되는 정보센터나 정보원, 서비스가 존재할 때만 분류표에 추가되었다. 또한 분류표 의 명칭에서도 알 수 있듯이 상세성 수준도 낮았다. 그러나 BSO는 테스트를 통해 개정되고 확장되었으며, 지식 영역 전체를 포함할 수 있는 모든 정보시스 템에서 분류지원 도구로서 매우 유용한 역할을 한다는 것이 증명되었다(198쪽 참조).

다음은 일부 분류기호를 제시한 것이다.

100	지식 일반
112	철학
200	과학 및 기술
250	우주과학 및 지구과학
252	천문학 및 천체물리학
,21	광학 천문학
,28	위성 천문학 = 우주선 천문학
,40	천체물리학
,70	태양계 천문학
,72	태양 = 태양 현상
450	심리학
460	교육학
535	사회학
560	법학
580	경제학
740	교통 기술 및 서비스

일반적으로, 특정 단일주제 분야나 '조합된 영역' 내에서 합성주제의 구성요

소는 분류표에 제시된 지침에 따라 다음과 같이 본표 배열순서의 역순으로 결합된다.

태양 현상의 위성 연구	=	252,72,28

상이한 영역에서 나온 요소들로 구성된 복합주제에 대한 분류기호는 구성요소 간의 관계에 따라 정해진 패싯 결합순서와 요소 사이에 줄표(—)나 붙임표(-)를 넣어 조합된 기호로 구성된다. 예를 들면 다음과 같다.

심리학 교육	=	450-460
교육철학	=	460-112
교육심리학	=	460-450
교육사회학	=	460-535
교육 입법	=	460-560
교통경제학	=	740-580

시대와 지역에는 일반적으로 적용 가능한 패싯이 제공된다. 전자는 -01을 사용하고, 후자는 -02를 사용하는데, 그 사례는 다음과 같다.

1920년 이후의 교육	=	460-016
신대륙에서의 교육	=	460-024

합성 방식을 도입한 다른 일반분류표와 마찬가지로, BSO의 색인은 가능한 모든 주제 조합을 전부 열거하지는 않는다. 그러나 본표의 주석에는 주제를 조합하는 데 도움이 되는 사례가 일부 제공된다. 일반적인 색인구조로 보면, 이것은 연쇄색인이다(171~173쪽 참조). 조합된 주제의 일부 사례는 다음과 같다.

광고	158,25

광고, 상업　588,82

광고 및 홍보, 상업　588,80

모험문학　915,67

부신(Adrenals), 의생명과학　435,67

성인교육　465,40

성인, 사회집단　528,35

성인 및 특수교육　465

성인 언어발달　911,21,40

역반응, 약리학, 의생명과학　425,50,60

입양, 아동복지　575,32,40

장식품, 유행 및 양식　472,25

장식품 및 보석류　472,80

장식품 및 의복　472

장식품 및 의복, 관습　533,72

장식품 품목 및 의복, 제조　890,472

청소년, 사회집단　528,34

청소년, 사회학　535,74,34

청소년, 심리학　450,53

청소년, 의생명과학　439,34

청소년, 정신건강 및 정신장애　439,34,38

행정법　567,40

사례 6 　콜 론 분 류 법 (Ranganathan, 1963, 1987)

　마지막으로 살펴보려는 분류표를 초보자가 이해하기는 어렵다. 그럼에도 콜
론분류법(CC)을 여기서 간략히 다룰 것인데, 이 분류표가 패싯 원칙을 완전히
지킨 첫 번째 분류표이고, 그 선구자적 특징을 본문에 언급할 가치가 있기 때문
이다. CC는 랑가나단이 도서관에서 사용하기 위해 개발한 분류표로, 모든 지식
을 범위로 하는 일반분류표이다. 랑가나단은 세계 최고의 분류 이론가 중 한 명
이다. 그는 많은 새로운 아이디어와 용어를 소개했다. 그 용어 중 하나가 '패싯'

이며, 그는 사실상 패싯분류표의 '발명자'라고 할 수 있다.

랑가나단은 1924년에 마드라스 대학교 도서관의 사서가 되기 전에, 그곳에서 수학을 가르쳤다. 그는 런던에 있는 유니버시티 칼리지의 문헌정보학과에서 관찰연구를 수행하기 위하여 영국을 방문했다. 그곳에 머무는 동안 그는 그의 분석적인 시각을 통해 분류표에서 복합주제를 열거하는 것이 최선의 원칙인지에 대해 의문을 갖기 시작했다. 예를 들어, 그는 '중학교의 수학 교수법'과 같은 주제가 듀이십진분류법에 따르면 '수학 교수법'이나 '중학교의 교수법' 중 하나로 분류되어야 한다는 것에 주목했다. 영감이 떠오른 것은 그가 런던의 백화점을 방문하여 처음으로 메카노 세트를 본 바로 그때였다. 이것을 통해 그는 분류표도 유사한 방법으로 구축될 수 있다고 믿게 되었다. 몇 개의 주제라도 분류표에 열거된 요소를 조합함으로써 만들 수 있다는 것이다. 이러한 아이디어에 바탕을 둔 새로운 분류표의 초안이 1925년에 완성되었다. 이 분류표는 초기에 그가 연결장치로 콜론 기호를 사용했기 때문에 CC라고 불렸다.

CC에서는 개념을 조합하기 위한 '패싯공식'이 개별 기본주제나 주류에 제공되며, 그 아래에 개념[랑가나단이 '고립개념(isolates)' 또는 '구분지(foci)'라고 했던] 목록이 나열된다. 예를 들어 '클래스 T 교육학'은 다음과 같이 시작된다.

> T
>
> 교육학
>
> T[P]: [E], [2P], [2P2]
>
>   [P] 패싯 내의 구분지
>
> 1   미취학 및 초등 (Pre-secondary)
>
> 13   미취학 아동
>
> 15   초등
>
> 2   중등 (Secondary)

25	중등 (Intermediate)
3	성인
31	읽고 쓸 줄 아는
35	외국인
38	읽고 쓸 줄 모르는
4	대학

먼저 이 클래스의 [P]에서 열거된 하위개념(또는 구분지)과 '패싯공식'의 첫째 부분인 T[P]를 살펴보면, '대학 교육'이라는 주제가 분류기호 T4를 가진다는 것을 알 수 있다. 공식 내의 각괄호는 무시한다.

[E] 패싯 내의 구분지, 필요 시 [2P]와 연계

1	명명법
2	커리큘럼
3	교수법

다음으로 [E]에 있는 개념과, 패싯공식의 다음 부분을 살펴보면 '교수법'에 해당하는 분류기호가 T:3이고, '대학의 교수법'의 분류기호가 T4:3이라는 것을 알 수 있다. '필요 시 [2P]와 연계'는 필요에 따라 [E]에 속한 개념이 [2P]에 속한 개념과 연계되어야 한다는 것을 의미한다. 그리고 [2P]는 다음과 같이 제시되어 있다.

[2P]   패싯 내의 구분지
(SD)를 이용

(SD)는 주제장치를 의미하며, 이것을 통해 CC에 제시된 모든 주제를 추출하여 분류기호로 사용할 수 있는데, 괄호로 묶어 사용해야 한다. 예를 들어 '수학'은 클래스 B에 속하므로 '수학교육'이라는 주제에 대한 분류기호는 T:3(B)이 되며, '대학에서의 수학교육'이라는 주제에 대한 분류기호는 T4:3(B)이 된다. [2P]

앞에 오는 쉼표(,)는 괄호 사용으로 인해 생략된다.

[2P?] 패싯 내이 구불지

1   시청각
13   청각
133 축음기
136 라디오
15   시각

위 패싯에 속한 개념을 이용하면 '대학의 수학교육에서 시각보조도구의 이용'과 같은 주제를 분류할 수 있다. 이 주제에 대한 분류기호는 T4:3(B), 15가 된다.

CC에서의 패싯 결합순서는 항상 PMEST라는 하나의 일반 공식을 따르는데, 각각 개성(주제의 특성을 나타내는 가장 중요한 패싯) - 물질(재료와 관련됨) - 에너지(절차, 활동, 운영과 관련됨) - 공간(지역과 관련됨) - 시대(시간대와 관련됨)을 나타낸다. 이는 최대 패싯 개수가 5개라는 것을 의미하는 것은 아니다. 다수의 주제를 나타내기에 부족할 수 있으며, 복수의 개성(P) 패싯이나 다른 유형의 패싯이 필요할 수도 있기 때문이다. 예를 들면, 교육학 클래스의 공식에서는 [2P]가 개성(P) 패싯의 '2차 라운드'를 가리키며, [2P2]는 개성(P) 패싯의 '2차 라운드'의 2차가 되는 부차적 수준을 가리킨다. '물질'(M)은 교육학 클래스에 등장하지 않는다.

'공간'(S)과 '시간'(T) 패싯은 공통적으로 적용 가능한 보조표에 수록되어 있다. 공간 패싯을 위한 보조표에서 56은 '영국'이며, 시간 패싯을 위한 보조표에서 N9는 '1990s'에 해당된다. 다음 사례와 같이 공간(S) 패싯의 연결기호는 '.'이며, 시간(T) 패싯의 연결 기호는 '역쉼표'이다.

> 1990년대 영국 대학에서의 수학교육을 위한 시각보조도구의 이용
> = T4:3(B),15,56'N9

처음 보기에 콜론분류법의 색인은 이해하기가 어렵다. 다음 예를 보자.

> 대학 2[P], 34, T[P], 4

그러나 이것은 단순히 '대학'이라는 개념이 2개의 주류에 나타난다는 것을 의미한다. 첫 번째는 클래스 2(문헌정보학)인데, 이 경우에는 '개성(P)' 패싯에 속하며, 분류기호는 34이다. 두 번째에는 클래스 T(교육학)에 속하며, 이 클래스 또한 '개성(P)' 패싯인데, 분류기호는 4이다. 따라서 '대학'은 이 상관색인에서 인접하여 배열된 '분산된 관련 개념'이다.

본문에서는 설명을 목적으로 상대적으로 쉬운 사례를 제시했다. 이 사례는 6판(1963)에서 가져온 것이다. 이 후에 나온 7판(1987)은 '이 분류표의 사용빈도가 매우 높은 국가인 인도에서도 널리 보급되지 않은 것으로 보인다. 콜론분류법은 복잡하고 사용하기 어렵게 변해가고 있다'(Foskett, 2000: 78). 불행히도, '랑가나단만이 사용한 '이용자 친화적'이라는 개념은 지금 막 개발된 그의 분류표에 제시된 분류기호에는 적용되지 않는 듯하다'(Foskett, 2000: 73). 그러나 콜론분류법의 근간이 되는 원칙은 매우 중요하며, 도서관 분야뿐 아니라 업무 시스템이나 컴퓨터 과학 같은 여러 분야에서 다양하게 응용되었다.

주

1 Uniclass 1997년 버전은 15개의 표로 이루어져 있는데 본문에 제시된 A~P까지의 표 외에 'Q UDC'가 있으며, 이후 2006년에는 'Z CAD'가 추가되었다. Uniclass는 통합 건설분

야 분류표(Unified construction classification)로서 'ISO 12006-2:2015 Building construc
tion: Organization of information about construction works – Part 2: Framework for
classification'을 준수한다. 영국 건설 정보 기업인 National Building Specification(NBS)
에서 Uniclass를 지속적으로 관리하고 있다.
⟨https://uniclass.thenbs.com/⟩, ⟨https://uniclass.thenbs.com/⟩ 참고.

참고문헌

BSO : *Broad System of Ordering.* 1991. FID/BSO Panel (Eric Coates, et al.). rev. ed.
   Available, including 1994 update, at www.ucl.ac.uk.uk/fatks/bso. The copy-
   right of BSO is now held by University College London and the responsibility for
   its future management now lies with this institution.

Clifton, H.O. and A.G.Sutcliffe. 1994. *Business Information Systems*(5th ed.). Prentice
   Hall, London; New York.

Crawford, Marshall, John Cann and Ruth O'Leary(eds.). 1997. *Uniclass: Unified Classified
   Classification for the Construction Industry.* RIBA, London.

E.G. Brisch & Partners[n.d.] *The Brisch Building Classification: prepared for the British
   Building Documentation Committee.* E.G. Brisch & Partners, [S.l.].

Foskett, A.C. 2000. "The Future of Faceted Classification." in Rita Marcella and Arthur
   Maltby(eds.). The Future of Classification, Gower, Aldershot, Hants, Brookfield,
   Vt., pp.69~80.

Kyle, B. 1956. "E.G Brisch: Someting New in Classification." *Special Libraries,* 47(3),
   pp.100~105.

London Business School Library. 2005. *London Classification of Business Studies :
   Thesaurus.* The Library, 2 v. [Vol.1] Classified Sequence, [Vol.2] Alphabetical
   Sequence. This is a new version of the scheme first devised by K.D.C. Vernon
   and Valerie Lang(see below).

Ranganathan, S.R. 1987. *Colon Classification* (7th ed.). edited by M.A. Gopinath.
   Sarada Ranganathan Endowment for Library Science, Bangalore.

_____. 1963. *Colon Classification*(6th ed.). with annexure. Asia Publishing House,
   Bombay; London.

Ray-Jones, Alan and David Clegg. 1991. *CI/SfB Construction Indexing Manual.* RIBA,
   London. Abridged reprint of 1976 revision.

Vernon, K.D.C. and Valerie Lang. 1979. *The London Classification of Business Studies:
   a Classification and Thesaurus for Business Libraries* (2nd ed.) rev., K.G.B.
   Bakewell and David A. Cotton, Aslib, London.

분류표에서 '계층'은 연속적으로 하위구분되는 일련의 부류나 집단이다. 예를 들면 다음과 같다.

이처럼 각 개체(예를 들어 영시)는 특정 상위그룹(예를 들어 영미 문학)에 속하며, 특정 상위그룹은 또 다른 그룹(예를 들어 문학)의 일부분이 된다.

이러한 분류표는 특성에 따른 구분 절차를 통해 구축된다. 문학은 언어 특성을 통해 하위 클래스로 구분되는데, 영미 문학,※ 독일 문학, 프랑스 문학과 같다. 각 하위 클래스는 다시 문학 형식 특성에 따라 하위 구분된다. 즉 영미 시,

---

※ '영문학'이라고도 부를 수 있으나 한국십진분류법(KDC)에 따라 '영미 문학'으로 번역했다.

영미 희곡, 영미 소설과 독일 시, 독일 희곡, 독일 소설 등과 같다. 때때로 이러한 방식을 상향식 기법을 적용한 패싯 시스템과 비교하여 '하향식' 접근방법이라고도 한다.

위의 나무 구조는 다음과 같이 제시될 수도 있다.

이와 같은 방식은 분류표를 적어 내려가거나 인쇄하는 방법과 유사하다.

구분 절차가 진행됨에 따라, 계층분류표는 복합주제를 나열하거나 '열거'해 나가므로 열거형 분류표라고도 한다. 예를 들면, '영미 시'는 언어(영어)와 문학 형식(시)으로 구성된다. 이는 '영어'와 '시'를 하나의 온전한 주제로 보지 않고 개별 개념으로 나열하는 패싯 접근방식과 대조된다.

▌동 위 개 념 의 배 열 순 서

계층적 분류표의 각 구분단계에서 주제의 배열순서는 중요하다. 이 순서는 패싯 내의 개념을 배열하는 순서에 상응하며, 가능한 한 이용자에게 도움을 줄 수 있어야 한다. 문학을 예로 들면, 언어 수준에서는 모국어를 우선하여 배열하는 것이 유용할 것이다. 한국에서는 한국어를 첫째에 두고, 관련된 아시아 언어들을 다음에 배열한 다음, 나머지 언어들을 배열하는 것이다. ※

▌패 싯 결 합 순 서

계층분류표에서 패싯 결합순서는 구분 특성이 적용된 순서로부터 도출된다. 위에서도 예를 들었듯이 문학류에서 첫째 구분 특성은 언어이고, 둘째는 문학형식이다. 따라서 패싯 결합순서는 다음과 같다.

언어 → 문학 형식

그러나 위에서 사례로 제시된 분류표에서는 이러한 패싯 결합순서가 본표에 열거되어 있는 복합주제의 분류기호에 '이미 반영되어' 있다.

▌기 호 법

다음은 앞에서 제시한 사례 분류표에 숫자로 구성된 간단한 분류기호를 추가한 것이다.

※ 원서에는 영어로 표기되어 있으나, 한국어에 맞추어 예시 언어를 수정했다.

1	문학	
11		영미 문학
111		시
112		희곡
113		소설
12		독일 문학
121		시
122		희곡
123		소설
13		프랑스 문학
131		시
132		희곡
133		소설

이 분류기호는 다음과 같은 특징을 가지고 있다.

순수성	한 종류의 기호(숫자)만 사용된다.
표현성	분류표의 구조를 반영한다. 111 '영시'는 11 '영미 문학'의 하위구분이며, 11 '영미 문학'은 다시 1 '문학'의 하위구분이다.
수용성	이와 같은 십진기호는 계속 추가될 수 있으므로, 이론적으로는 무한히 확장가능하다.
조기성	항상 '시'는 숫자 1로, '희곡'은 2로, '소설'은 3으로 표현된다. 이와 같은 방식으로 기억을 돕는 것을 '체계 조기성'이라고 한다.

▌색 인

 패싯분류표의 색인에는 단일 개념만이 열거되는 반면, 열거형 계층분류표의 색인에는 복합주제가 열거된다. 예를 들어 '희곡: 영미 문학'과 같은 식이다. 아래 사례는 위에서 제시한 분류표에 대한 색인이다.

독일 문학	12
문학	1
소설: 영미 문학	113
소설: 프랑스 문학	133
소설: 독일 문학	123
시: 영미 문학	111
시: 프랑스 문학	131
시: 독일 문학	121
영미 문학	11
프랑스 문학	13
희곡: 독일 문학	122
희곡: 영미 문학	112
희곡: 프랑스 문학	132

이 색인은 자모순으로 구성되어 있어, 각 언어별 시와 같이 분류표 곳곳에 분산되어 있는 주제를 한 곳에 모이게 해준다. 따라서 상관색인이라고 하며, 분산된 관련 개념을 집중시켜준다.

▌ 분 류 절 차

열거형 분류표를 이용한 분류절차는 우선 색인을 참고한 다음, 색인에 나온 본표의 위치로 이동하는 순서로 이루어진다. 그러나 오류를 범할 가능성이 있으므로 절대로 색인만을 참고하여 자료를 분류해서는 안 된다. 올바른 분류기호를 찾기 위해서는 주제에 해당되는 본표를 반드시 살펴보아야 한다. 예를 들면 셰익스피어나 밀턴, 디킨스와 같은 유명한 저자의 저작을 다루고 있는 책을 분류할 때, '문학'에 해당되는 색인 표목을 참고하여 분류기호 1을 얻을 수 있다. 그러나 본표에서 1을 확인한 다음에는, '문학'이 언어로 하위구분되며 영미 문학을 다루는 모든 저자들을 고려해야 한다는 것을 즉시 알 수 있다. 따라서 분류표의 구조는 그 자체로 분류를 위한 보조도구가 된다. 분류담당자가 숙련되고 전문적일수록, 색인을 먼저 검토하지 않고 바로 본표로 이동할 수 있을 것이다. 색인은 익숙하지 않은 주제에 대해서만 이용될 것이다. 분류를 처음 배우는 학생들조차도 우선은 본표만을 이용해서 분류해야 한다는 의견도 있으나, 분류표가 복잡하고 학생이 분류표의 구조에 익숙하지 않다면 어려운 일이다.

▌계층분류표의 복잡성

44~45쪽에서 살펴본 기계용 나사에 대한 패싯분류표를 계층분류표로 구축했다면, 먼저 재료별로 구분한 다음 나사산 크기, 나사의 머리형, 표면처리 방법의 순서로 구분하여 분류표는 다음과 같이 나타날 것이다.

```
기계용 나사
    스테인리스 스틸 기계 나사
    0 BA
        원형
            표면처리 안 함
            크롬 도금
            아연 도금
            페인트
        평면형
            표면처리 안 함
            크롬 도금
            아연 도금
            페인트
        육각형
            표면처리 안 함
            크롬 도금
            아연 도금
```

페인트
사각형
표면처리 안 함
크롬 도금
아연 도금
페인트
1 BA
원형
표면처리 안 함
크롬 도금
아연 도금
페인트
평면형
표면처리 안 함
크롬 도금
아연 도금
페인트
육각형
표면처리 안 함
크롬 도금
아연 도금
페인트
사각형
표면처리 안 함
크롬 도금
아연 도금
페인트
2 BA
원형
표면처리 안 함
크롬 도금
아연 도금
페인트

평면형
　　표면처리 안 함
　　크롬 도금
　　이언 도금
　　페인트
(같은 방식으로 계속 열거됨)

위 분류표를 보면, 몇몇 특징이 분명하게 나타난다.

(1) 본표의 길이

　본문에 발췌된 분류표는 '페인트칠 된 평면형 2 BA 스테인리스 스틸 나사' 주제까지만 진행된 것인데도, 이미 패싯분류표보다 상당히 길다.

(2) 반복

　개념이 아닌 주제를 열거했기 때문에, '표면처리 안 함'처럼 주제를 구성하는 개념이 복합주제에 나타날 때마다 매번 반복된다.

그럼에도 위 분류표는 열거된 주제만 분류할 수 있다. 예를 들어 '크롬 도금된 스테인리스 스틸 나사'(크기가 생략된 주제)는 분류될 수 없으며, '크롬 도금된 나사'도 마찬가지이다.

위에 제시된 문제점 (1)과 (2)로 인해 열거형 계층분류표는 다른 방식과 절충되는 경향이 있으며, 주제의 열거가 논리적인 결과대로 수행되지 않는다. 따라서 최종적으로 구축된 분류표는 매우 복잡하고, 분류표를 구축하기 위한 기본 원칙을 식별하기가 어려운 편이다.

열 거 형 계 층 분 류 표 의 사 례

이 장에서는 6개의 분류표를 예로 들어 간략하게 설명할 것이다. 1876년부터 현재까지 사용되고 있는 **듀이십진분류법**에서부터 도서 거래에 사용하기 위해 비교적 최근에 개발된 분류표에 이르기까지 이 장에 제시된 분류표들은 오랜 기간 동안 널리 사용되어왔다. 이들 분류표는 앞 장에서 설명한 패싯분류표와 함께 분류가 지식을 조직하기 위한 필수도구임을 강조한다.

사례 1 사 무 조 직 용 분 류 (Shaw, 1984)

다음은 특정 조직의 사무용 파일을 주제별로 조직하기 위한 열거형 분류표의 일부를 발췌한 것이다.

```
16        교육
16.1          자료
16.1.1            시각보조도구
16.1.2            소모품
16.2          과정
```

16.2.1	사무직
16.2.2	관리직
16.2.3	기술직

다음은 위에 있는 본표에 대한 인쇄용 색인의 표목이다.

과정	16.2
관리직 과정	16.2.2
교육	16
기술직 과정	16.2.3
사무용품	16.1.2
사무직 과정	16.2.1
시각보조도구	16.1.1
자료	16.1

이 분류표는 매우 단순하고, 표현성이 높은 십진기호를 사용하며, 계층적 속성이 다음과 같이 분명히 드러난다.

앞에서 사례로 든 분류표의 고안자인 쇼(J. Shaw)는 자신의 분류표에서, 이와 같은 분류체계는 제품, 소모품, 서비스, 조직의 기능에 사용하기 적합할 것이라는 제안을 했다. 쇼는 이 분류표가 지닌 유연성을 장점으로 들었다. 하위 주제로 세분하거나 주제를 추가하는 것이 쉽기 때문이다. 그러나 분류표목을 찾기 위해 반드시 색인을 참조해야 한다는 점은 단점으로 꼽았다. 따라서 쇼는 사무실에서 생산되는 정보를 저장하고 검색하기 위한 통합 시스템을 선호했고, 이름이나 주제 등을 자모순으로 배열하여 색인을 필요로 하지 않는 '직접 배열' 방식을 추천했다.

열거형 계층분류표는 어떤 주제가 미리 열거된 경우에만 분류를 할 수 있다는 문제점이 있다. 위의 분류표에서 간단한 예를 들자면, '사무직 과정을 위한 시각보조도구'라는 주제는 분류할 수 없다. '시각보조도구'(16.1.1)와 '사무직 과정'(16.2.1) 중 하나를 선택해야만 한다.

사례 2 길 드 홀 도 서 관 의 향 토 자 료 분 류 법 (Smith, 1966)

다음 사례는 특정 지역과 관련된 자료인 향토자료의 분류를 위해 1926년에 처음 발행된 분류표인 길드홀 도서관의 장서를 바탕으로 개발한 런던지역 문헌 분류법에서 발췌한 것이다.

20-59	사회 생활
· · ·	
40-49	관리 ― 특수 주제
· · ·	
46	공중보건 및 조명
· · ·	
46.9	조명
46.91	오일 조명
46.92	석유 조명
46.93	전기 조명

이 분류표의 주류는 2자리 기호로 구성되며, 하위항목이 소수점 이하 2자리나 3자리까지 전개된다.

위 사례는 일서령 분류표에서의 짐진직인 하위구분 절차를 보여준다. 그러니이 절차는 간단한 분류표에서조차 단계별로 하나의 특성만을 지속적으로 적용하는 것이 어렵다는 것을 다음 사례에서와 같이 보여준다.

40	통계, 연감
41	사회복지
42	범죄. 경찰
43	감옥
44	법률. 법정
45	시장
46	의료. 병원
47	공중보건 및 조명
48	수송, 교통
49	교육

사례 3 ACM 컴퓨팅 분류법 (1998)(1999~2009년까지 사용)[1]

이 분류표는 정기간행물인 『컴퓨팅 리뷰(Computing Reviews)』에 사용되던 분류표를 개정한 것으로, **컴퓨터과학 및 공학분야 분류법**의 영향을 받았다.

이 분류표의 핵심은 계층구조이며, 이 분류표의 서문에 따르면 '특정 분야의 핵심 구조를 지속적으로 정확하게 반영하기 위해 3계층으로 제한되어 있다'고 한다(ACM, Intro., p,1).

분류표의 첫 번째 계층은 대문자로 표기된 11개의 주류로 구성된다.

A.	컴퓨터 일반
B.	하드웨어
C.	컴퓨터 시스템의 조직
D.	소프트웨어

E. 데이터
F. 컴퓨팅 이론
G. 컴퓨팅 수학
H. 정보시스템
I. 컴퓨팅 방법론
J. 컴퓨터 응용프로그램
K. 컴퓨팅 환경

2계층과 3계층은 숫자를 사용해 십진식으로 하위구분하고, 여기에 더해 '잡저(Miscellaneous)'를 의미하는 소문자 'm'을 사용한다. '정보시스템'의 하위항목을 예로 들면 다음과 같다.

H.0 정보시스템 일반
H.1 시스템 모형 및 원칙
    H.1.0 시스템 모형 및 원칙 일반
    H.1.1 시스템 및 정보 이론
    H.1.2 이용자/기계 시스템
    H.1.m 잡저
H.2 데이터베이스 관리
    H.2.0 데이터베이스 일반
    H.2.1 논리적 설계
    H.2.2 물리적 설계
    H.2.3 언어
    H.2.4 시스템
    H.2.5 이기종 데이터베이스
    H.2.6 데이터베이스 기계
    H.2.7 데이터베이스 관리
    H.2.8 데이터베이스 응용프로그램
    H.2.m 잡저
H.3 정보 저장 및 검색
    H.3.0 정보저장 및 검색 일반
    . . .

상세 전개를 위한 4계층도 있는데, 이는 별도의 분류기호 없이 알파벳 자모순 주제어로만 구성되어 있다. H.2.1의 '논리적 설계'를 예로 들면 다음과 같다.

```
11.2.1    논리적 설계
          데이터 모델
          스키마와 하위 스키마
          정규형
```

이러한 주제어 이외에도, '알고리즘', '설계', '문서화'와 같은 일반적인 용어가 있어, 이와 관련된 모든 분류항목에 적용할 수 있다. 마찬가지로 시스템 언어의 이름도 적합하다고 판단되면 사용할 수 있다. 예를 들면 D.3.2 '언어 분류'의 하위 구분에는 '파스칼'이 있다.

사례 4 ● 듀이십진분류법 (Dewey, 2003)

듀이십진분류법(DDC)은 모든 분야의 지식을 대상으로 한 분류표이다. 이 분류표는 도서관에서의 서가배열을 목적으로 100여 년 전에 고안되었으며, 현재까지 계속 개정되고 있다. 135개국의 20만 개가 넘는 도서관에서 사용되고, 30개 이상의 언어로 번역된 사실을 통해 이 분류표의 인기를 짐작해볼 수 있다.[2] 이 분류표는 간단한 십진기호를 사용하며, 10개의 주류로 구성된다.

000	컴퓨터 과학, 정보학, 총류
100	철학 및 심리학
200	종교
300	사회과학
400	언어
500	자연과학
600	기술과학

700	예술 및 레크리에이션
800	문학
900	역사 및 지리

각 주류는 다시 '10개', 실제로는 9개의 하위항목으로 세분되며, 각 하위항목
은 다시 9개로 계속 세분된다. 예를 들어 문학류의 일부분을 제시하면 다음과
같다. 다음 사례는 분류기호가 다르다는 점만 제외하면 68쪽에 제시한 표와 거
의 동일하다.

800	문학
. . .	
810	영어로 쓰인 미국 문학
811	영어로 쓰인 미국 시
812	영어로 쓰인 미국 희곡
813	영어로 쓰인 미국 소설
820	영문학 및 고대 영문학
821	영어 시
822	영어 희곡
823	영어 소설
830	독일어로 쓰인 문학 및 독일 문학
831	독일어 시
832	독일어 희곡
833	독일어 소설
840	프랑스어로 쓰인 문학 및 프랑스 문학
841	프랑스어 시
842	프랑스어 희곡
843	프랑스어 소설

이와 같은 분류기호는 각각 9개의 하위 영역을 가지므로, 821, 822, 823,

……, 829는 이론적으로 동등하다. 그런데 이 분류표는 이해하기 쉬우나 자연적으로 9개로 구분되는 주제는 거의 없기 때문에 수용성과 확장성을 제공하는 데에도 왜곡 현상이 발생하게 된다. DDC는 위의 사례에서처럼 기본적으로 3자리 숫자를 사용하며, 소수점 이하로 추가 구분이 가능하다.

| 822.3 | 엘리자베스 여왕 시대의 영문희곡, 1558~1625 |

위의 사례에서 '3'은 '엘리자베스 여왕 시대'를 나타낸다. 다섯 번째 숫자는 당시에 활동했던 특정 극작가를 가리키는 것으로, 예를 들면 다음과 같다.

| 822.33 | 셰익스피어 |

'셰익스피어의 맥베스 비평'이라는 연구를 다룬 자료를 위의 분류표에 따라 분류하는 것은 주제별로 분류하는 것이다. 그러나 맥베스의 실제 텍스트를 분류하는 것은 자료의 '형식'에 해당하는 문학 형식에 따라 분류하는 것이 된다. 이때 일반분류표에서는 형식류를 제공해야 한다.

위의 사례에서 주제 합성을 위한 계층적 방식은 쉽게 알아볼 수 있는데, 언어로 먼저 구분한 뒤, 문학 형식으로 구분하고, 시대로 구분하는 순서이다. 그러나 항상 쉽게 식별되는 것은 아니다. 아래는 DDC의 640 '가정 경제 및 생활'에서 발췌한 부분이다.

. . .

641.52	아침식사
641.53	도시락 및 점심식사, 브런치, 차, 저녁식사, 스낵
641.532	브런치
641.534	도시락
641.536	오후의 차(애프터눈 티)
641.538	저녁식사(Suppers)

641.539	간식
641.54	정식(Dinners)
641.55	저렴한 요리 및 시간 절약형 요리
641.552	저렴한 요리
641.555	시간 절약형 요리
641.56	특수한 상황, 용도, 연령대별 요리
641.561	1~2인용 요리
641.561 1	1인용 요리
641.561 2	2인용 요리
641.562	특정 연령대를 위한 요리
641.562 2	청소년
641.562 22	유아식
641.562 7	노인
641.563	건강, 외모, 개인별 상황에 따른 요리
641.563 1	환자식
641.563 14	심장병 환자식
641.563 18	당뇨병 환자식
641.563 2	식품알레르기 환자식
641.563 23	비타민, 미네랄 성분 요리법
641.563 5	저염 요리법
641.563 6	채식 요리법
641.563 7	보양식 요리법
641.563 8	탄수화물, 지방, 단백질 함량에 따른 요리법

. . .

위 발췌문은 분류표가 매우 상세하다는 것을 보여주지만 다소 혼란스러운 점이 있으며, 열거방식의 문제점을 나타내고 있기도 하다. 타협할 수밖에 없었던 부분이 있으며, 계층적 구분 과정이 각 단계에 지속적으로 적용된 것은 아니다. 예를 들어 아침식사, 점심식사와 같이 '식사' 종류에 의한 구분은 '특수한 상황'에서는 더는 적용되지 않고, 그다음에는 '건강' 등을 위한 요리로 구분되며, 각각의 특성은 개별적으로 적용된다. 따라서 '1인용 정식 요리법'이나 '심장병을 앓는 노인을 위한 요리법과 같은 수제를 분류하는 것은 불가능하다.

또한 '교차분류'도 일어난다. 교차분류는 상이한 특성이 하나의 구분 지점에 적용될 때 나타난다. 예를 들어, '특정한 상황을 위한'은 하나의 단계에서 '식사 인원'과 '연령'이라는 특성으로 구분된다.

인쇄형 DDC의 색인은 1000쪽은 족히 넘는다. 이것은 매우 상세한데, '멜빌 듀이'(분류표의 개발자)가 고안하고 극찬한 색인과 그 상대적인 속성으로 인해 다른 많은 색인에 상당한 영향을 미쳤다. 다음은 그 사례이다.

근육	573.75
생물학	573.75
데생	
동물	743.6
사람	743.47
인체 해부학	611.73
인체 생화학	612.744
인체 생물리학	612.741
부상	617.473 044
의학	616.74
약물동력학	615.773
수술	617.473
근골격계도 참조	

이것은 '근육'이라는 주제의 여러 측면이 본표 내의 여러 군데에서 발견된다는 것을 나타내며, 상호 참조는 부가적인 측면이 '근골격계'를 통해 발견될 것이라는 의미를 이용자에게 전달하는 것이다.

DDC 분류기호는 매우 길어질 수 있으며, 소수점 이하의 숫자들은 종종 편리함과 이용상의 용이성을 최대화시키기 위해, 위에 나온 '부상'과 같이 3개 단위로 나뉘기도 한다. 즉 다음과 같다.

듀이는 또한 지역이나 시대 등의 하위구분을 위한 보조표도 만들었다. 이에 대해서는 7장에서 더욱 상세하게 논의할 것이다.

DDC의 최근 판인 웹듀이는 온라인으로 이용할 수 있는데,3 여기에는 부가적인 색인 장치가 있어 1년 내내 갱신하고 있다. 또한 간략판 14판의 웹 버전도 이용할 수 있다.

사례 5 미 국 국 회 도 서 관 분 류 법 (연도 다양)

미국국회도서관분류법(LCC)은 19세기 초반에 미국의 국회도서관용으로 구축되었으며, 이 거대한 도서관에 소장된 책에 담긴 지식을 반영한다. 국회도서관용으로 제작되었지만, 대규모 대학이나 연구도서관을 비롯한 많은 도서관에서 이 분류표를 도입해서 사용하고 있다. 그리고 미국뿐 아니라 영국을 포함한 여러 국가에서도 사용되고 있다.

이 분류표는 20여 개의 주류를 포함하며, 각 주류는 알파벳 대문자 한 자리로 표현된다.

A	총류
B	철학, 심리학, 종교
C	역사학의 보조학문
D	역사학: 일반 및 구대륙(동반구)
E~F	역사학: 아메리카(서반구)
G	지리
H	사회과학
J	정치학

K	법학
L	교육학
M	음악
N	순수 예술
P	언어 및 문학
Q	자연과학
R	의학
S	건축학
T	기술과학
U	군사학
V	조선학
Z	서지학, 문헌정보학

일부 클래스는 영역별로 구분되며, 두 번째 알파벳 대문자는 각 영역의 주제를 차별화하기 위해 사용한다. 즉, 다음과 같다.

| KD | 영국 및 아일랜드의 법률 |
| KF | 미국의 법률 |

또한 두 번째 대문자는 주요 하위류를 나타내는 데에도 사용된다. 예를 들면 다음과 같다.

Q	자연과학
QA	수학
QB	천문학
QC	물리학
. . .	

그다음에는 아라비아 숫자를 사용하여 추가적인 구분을 나타낼 수 있다. 필요하다면 1~9999 사이의 숫자를 이용한다. 다음 발췌문은 클래스 T '기술과학'에 속한 것이다. 각 클래스는 별도의 권으로 발행되었으며, 인쇄본의 클래스 T

는 400여 쪽으로 구성되었다. 클래스 T는 30여 권으로 이루어진 전체 분류표 중한 권이므로, 전체 분류표의 상당한 크기를 짐작할 수 있다.

클래스 T 하위에 있는 클래스 TH는 '건축공학'이고, TH6000 이후부터는 '건축용 자재와 그 설치'와 관련된 항목이다. 이에 해당하는 부분의 간략한 개요를 나타내면 다음과 같다.

건축용 자재와 그 설치

6010	건축용 자재와 그 설치 일반
...	
6100~	배관시설 및 그 부속품
7000~	난방 및 환기시설
7700~	전등, 조명시설
8000~	장식 및 장식용 가구
9000~	건물보안

위의 각 구분지는 다음과 같이 추가로 세분된다.

건물보안

9025	건물보안 일반
9031~	자연재해 대비
9100~	화재로부터의 보호
9700~	도난, 업무방해 등으로부터의 보호

위 발췌문은 이 분류표의 계층적 속성을 나타내지만, 클래스 TH의 인쇄본에서 6000 이후의 구분이 실제로 21쪽 분량의 복잡한 본표로 이루어졌다는 것을 정당화시키지는 못하여, 상세한 분류항목의 열거로 인해 분류표의 구축원칙은 드러나지 않는다. 예를 들어, 아주 작은 항목인 '욕실 배관시설'은 다음과 같다.

욕실, 화장실, 변기의 배관시설

6485	배관시설 일반
6486	배관시설 일반특수.※ 면세 등
6487	배관 시스템
	세부. 설비
6488	설비 일반
6489	욕실 설비 목록
6490	세면대
	욕조
	참조: TH6518.B3 공중목욕탕
6491	세면대, 욕조 일반
6492	샤워실. 샤워기
6493	욕조
6494	족욕기
6495	좌욕기
6496	비데
6497	도기(Soil fixtures)
6498	좌변기
6499	소변기
6500	(화장실의) 저수탱크 및 보조 밸브 등

예를 들어 '비데의 배관'이라는 주제는 분류기호 TH6496에 해당된다. 이와 같이 표기를 상세하게 했음에도, LC 분류표의 진정한 속성이 모두 드러난 것은 아니다. 추가로 '건물 난방'이라는 주제를 보면 다음과 같다.

건물 난방

※ LCC의 '일반특수(General special)'는 기존 분류계층 내에서 적합한 분류기호를 부여할 수 없는 새로운 주제를 포함하는 저작에 사용된다.

720l	연속간행물, 학회 등
7205	회의(Congresses)
7207	선집(단행본)
7209	사전 및 백과사전
	명부
7212	명부 일반
7213	특수 지역
	역사
7215	역사 일반
7216. A~Z	각국의 역사, A~Z
	건물난방 일반
7221	초기~1860년대
7222	1860년대 이후
7223	교과서
7224	대중서. 어린이 도서
7225	포켓북, 테이블, 규칙 등
7226	일반특수
7227	연설문, 수필, 강연문
7231	교수 및 학습
7325	설계서
7331	도면
	견적. 측정. 수량, 비용
7335	견적 일반
7337	가격표
7338	감독
7339	검사
7341	시험
7355	난방기 및 설비 목록(일반)
7391	특수 공간. 자모순 배열
7392	특수 건물 유형. 자모순 배열
.A6	아파트
.A8	핵 대피소
.A9	자동차 정비소

.C56	화학 공장
.C6	교회
.C65	상가 건물
.C7	유제품 제조공장
	주거지는 TH720I-7643 참조
	공장은 TH7392.M6 참조
.F3	농장 건물
.F6	주조공장(Foundries)
.G37	창고
.I53	공업용 건물
.M2	기계 공장
.M6	방앗간과 공장
.O35	사무용 건물
.P33	통조림 공장
.P8	감옥
.P9	공공 건물
.R3	철도 구조물 및 건물
.S35	학교 건물. 대학 건물
.S65	운동 시설
.T34	고층 건물
.T47	직물 공장
.T5	극장
	대학 건물은 TH7392.S35 참조

위 사례를 통해 몇 가지 흥미로운 점을 알 수 있는데, 다음은 그중 일부를 설명한 것이다.

① '열거'의 비중이 높음. '사전'이나 '백과사전'과 같은 형식조차도 본표에 포함되어 있다. 예를 들면 다음과 같다.

건물 난방에 관한 백과사전   =   **TH7209**

② 아라비아 숫자 다음에는 알파벳 두문자를 사용함으로써 분류기호를 알파벳 자모순으로 배열. 아라비아 숫자는 십진식으로 사용되며 알파벳 자모순 배열 방식을 유지하면서 보조표에서 부여된다. 위에 제시된 본표와 같은 알파벳식 구분은 지리 구분과 주제 구분에도 모두 적용된다. 예를 들면 다음과 같다.

일본 건물 난방의 역사　　＝　**TH7216.J3**
핵 대피소의 난방　　　　＝　**TH7392.A8**

특히 위의 두 번째 사례는 이 분류표가 매우 상세하게 열거되어 있다는 것을 나타낸다.

③ 특정 주제가 분류될 항목이나 관련 주류를 제시하기 위한 참조 사용.

대학 건물은 TH7392.S35 참조

TH6490　　욕조
　　　　　　참조: TH6518.B3 공중목욕탕

④ 분류기호 중 일부를 사용하지 않음으로써 분류기호의 수용성을 제공 (114~115쪽 및 123쪽 참조).

각 주류는 별도의 색인이 있으며 자모순 전거 파일인 **미국국회도서관주제명표**와 연계되어 있는데(161~163쪽, 174~175쪽, 184쪽의 주 1 참조), 이는 다수의 주제명표목이 관련된 분류기호를 포함하므로 일반 색인으로서의 범위를 제한하는 역할을 하기 때문이다.

사례 6 BIC 주제분류법 (2006) 및 BISAC 주제명표 (2008)

열거형 분류표의 마지막 사례로, 도서 거래 시장에서 주제 정보의 전자적인 전송을 위한 목적으로 최근에 고안된 2개의 분류체계에 대해 언급할 필요가 있다.

영국에서는 BIC 주제분류법의 초안이 1998년에 발표되었으며, 2판은 2006년에 배포되었다. 이 분류체계는 계층적 범주 목록과 한정어를 포함한다. 최상위 범주는 단일 문자코드로 표현되는데, 예를 들면 A=예술, B=전기 및 실화, C=언어, D=문학 및 문학연구, E=영어교육, F=소설 및 관련 도서 등과 같다. 일부 범주는 문자조기성 값을 갖는데, 예를 들면 H=Humanities(인문학), L=Law(법학), M=Medicine(의학)과 같다. 2단계 범주는 2개의 문자 코드로 구성되며, 3단계 범주는 3개의 문자코드로 구성되는 방식이다. 예를 들면 다음과 같다.

A	예술
AS	무용 및 이외 행위 예술
ASD	무용
ASDC	안무
ASDL	발레
ASDR	사교댄스
ASDT	현대무용
ASDX	포크댄스

도서를 분류하는 경우에는 해당 도서를 단일 범주에만 분류할 필요가 없다. 예를 들어, BIC 웹사이트에서 제공되는 도서분류 사례 중에서 '중등교육과정에서 수학 교육의 효과'와 같은 도서의 분류기호로는 다음과 같이 복수의 범주가 할당될 것이다.

JNU	특정 주제분야의 교육
YQM	교육: 수학 및 산술능력
JNLC	중학교

그리고 데이비드 베컴의 아버지가 저술한 전기인 『데이비드 베컴: 나의 아들』(David Beckham: My son)에도 다음과 같이 복수의 범주를 부여할 수 있다.

| GBS | 전기: 스포츠 |
| WSJA | 축구(축구, 축구 협회) |

또한 온라인 BIC 주제분류법 선정 도구라는 것이 있는데, 이것은 색인의 역할을 한다. 예를 들어 '물리학'을 검색창에 입력하면, 다음과 같이 '물리학(physics)'이라는 문자열을 포함하는 모든 주제명표목이 나타난다.

HPJ	철학: 형이상학(metaphysics) 및 존재론
PH	물리학(physics)
. . .	
PHM	원자 및 분자물리학(molecular physics)
. . .	
PHVB	천체물리학(Astrophysics)
등	

결과 값 중 특정 표목을 선택하면, 해당 표목의 계층구조가 제시된다. 만일 '천체물리학'을 선택한다면, 다음과 같은 결과가 제시된다.

P	수학 및 과학
PH	물리학
PHV	응용물리학
PHVB	천체물리학

듀이십진분류법과 마찬가지로 BIC 주제분류법은 '한정어'를 이용해서 지명이

나 시대에 대한 정보를 제공한다(99~100쪽 참조).

본문에 제시된 사례에서 알 수 있듯이, BIC 주제분류법은 서가배열을 위해 고안된 것이 아니다. 그러나 공공도서관 시장을 겨냥해 고안한 BIC 체계의 하위집합인 '공공도서관용 BIC 주제분류법'이 있는데, 이것은 전체 분류범주에 대해 도서관 장서를 배열하기 위한 것이다.

한편 40여 년 전에 '이용자 중심 배열'이라는 개념이 미국에서 비롯되었다. 이것은 이용자의 흥미에 따른 인기 범주로 장서를 배열하는 것을 의미했다. 이 방식은 장서의 대부분이 취미와 관련되어 있는 다수의 일반 도서관에서 사용되었다. 그러나 이와 같은 분류표는 대부분 특정 도서관 시스템에만 적용된 고유한 것이었다. BIC 분류법을 사용하는 것도 유사한 아이디어를 포함하지만, 표준화와 범주화 과정을 자동화하는 기회를 준다는 점이 다르다. 각 타이틀에는 하나의 범주를 할당하는데, 그 범주는 '범죄(Crime)'의 CRI나 '미디어 연구(Media studies)'의 MED와 같이 전체 BIC 분류법에서는 여러 개의 범주에 통합된다. 이것은 듀이십진분류법의 분류기호와도 통합해서 사용될 수 있다. 예를 들어, 어떤 아이템은 'HIS'라는 범주에 할당될 수 있는데, 여기에 듀이십진분류법의 기호를 추가하면 그 아이템을 상위 범주인 '역사'에 배가하고 분류기호에 따라 하위 배열할 수 있다.

미국에는 BISAC 주제명표가 있다. 각 BISAC 주제명은 9개의 글자로 된 코드를 포함한다. 이 코드의 첫 번째 3자리는 분야를 나타내는데, 예를 들어 HIS＝역사(History), PHO＝사진(Photography) 등이다. 각 분야명의 '문자조기성'에 주목하자. 다음에 오는 3자리 숫자는 원래 각 분야 내에서 계층적으로 연결된 하위 주제명과 차하위 주제명을 대상으로 설계되어 대부분의 코드가 이 구조를 유지하고 있는 반면, 코드를 통해 모든 계층관계를 나타낼 수는 없다.

분류 과정에서의 첫 번째 단계는 특정 도서에 할당할 주요 주제명을 결정하는 것인데, 이 주요 주제명에서 대상 아이템을 기술하는 하위 용어를 결정하게 된다. 예를 들어 '장미 재배'에 관한 책을 분류한다면, 주요 표목으로 '원예'를 선정하고, 그다음에 하위 용어를 추가하여 'GAR004060 원예/꽃/장미'를 결정한다.

> 장미 재배 = **GAR004060**

BISAC 코드를 이용하면,[4] 복수의 주제를 다루는 한 권의 책에 다중 코드를 부여할 수 있다. '불가지론'과 '무신론'에 관한 책을 예로 들면, 다음과 같은 코드를 할당할 수 있다.

> REL001000 RELIGION / 불가지론
> REL004000 RELIGION / 무신론

위 코드는 전자문서교환(EDI)을 위한 것이고, 데이터베이스 검색의 접근점으로도 사용될 수 있다. 장기적인 목표는 영어 도서 시장을 위해서 앞에서 언급한 두 체계를 하나의 분류체계로 통합하는 것이다.

주

1 Copyright by Association of Computing Machinery, Inc.
2 www.bl.u/bibliographic/subject.html#ddc
3 http://connexion.oclc.org(듀이, 듀이십진분류법. 웹듀이는 OCLC의 등록상표임).
4 원문에는 'BIC'로 나와 있으나, 9개의 글자로 된 코드를 사용하므로 BISAC이 맞다. 〈https://www.bisg.org/religion〉, 〈https://bic.org.uk/〉 참고.

참고문헌

ACM Computing Classification (1998). 1999(valid through 2009). Association for Computing Machinery. Available at: http://www.informatik.uni-stuttgart.de/

zd/buecherei/ifibib_hlife_cr.html and see also www.acm.org/class.

BISAC Subject Headings. 2008. Book Industry Standards and Communication. Available at www.bisg.org/standards/bisac_subject/index.html.

BIC Subject Categories. 2006. Book Industry Communication, Available at www.bic.org.uk/7/subject-categories.

Dewey, Melvil. 2003. *Dewey Decimal Classification and Relative Index*. edition 22, ed. by Joan S. Mitchell[et al]., OCLC, Dublin, Ohio. 4 v.

Library of Congress. various dates. *Classification*, LC, Washington, 43 v. 본문에 포함된 예시는 2008년에 미국국회도서관(LC)의 목록서비스분과(Cataloging Distribution Service)에서 제공한 온라인판인 www.classificationweb.net에서 확인한 것임.

Shaw, Josephine. 1984. *Administration for Business*(2nd ed.). Pitman, London, p.91.

Smith, Raymond. 1966. *Classification for London Literature Based Upon the Collection in the Guildhall Library*(3rd ed.). The Library Committee, London. Cited in George A. Carter. 1973. *J.L. Hobbs's Local History and the Library*(2nd rev. ed.). Deutsch, London.

열 거 형 분 류 표 에 도 입 된 주 제 합 성 방 식

이 장에서는 순수한 열거형 계층분류표에 분석합성을 위한 요소인 '기호합성' 방식을 도입한 여러 사례를 소개할 것이다. 이를 통해서 분류표의 길이를 줄이고 효율성을 개선할 수 있다.

한 가지 방법은 본표 전체에 적용할 수 있는 용어에 대한 보조표를 제공하는 것이다. 예를 들어, 이와 같은 표에는 다음과 같은 것이 포함될 수 있다.

> 공통구분표: '백과사전'이나 '연속간행물'과 같은 표현 형식을 포함
> 지역구분표: '미국'이나 '영국'과 같은 특정 '지역'을 포함
> 시대구분표: '20세기'와 같은 특정 '시대'를 포함

다른 방법은 본표 자체에 하나의 분류기호를 다른 분류기호와 동일한 방식으로 구분하기 위한 지침을 포함하는 것이다. 예를 들어, 모든 식물은 공통적으로 '상처'나 '질병', '해충'으로 인해 피해를 입을 수 있다. 이때 모든 개별 식물에 동일한 피해 관련 개념을 열거하는 대신, 한 식물에만 열거하고 각 식물을 같은 방식으로 구분하라는 지침을 줄 수 있다.

II 열거형 분류표에 합성 방식을 적용한 실제 사례

사례 1   서지분류법 초판 (Bliss, 1940~1953)

도서관 자료를 분류하기 위해 블리스가 개발한 일반분류표인 **서지분류법 초판**은 원칙적으로는 열거형 분류표이지만, '체계표'를 통해 합성할 수 있는 부분이 많다. 이 체계표의 일부분은 분류표 전체에 적용되지만, 일부는 특정 부류에만 적용되기도 한다. 다음 사례는 서지분류법 초판의 '체계표' 중 2가지 유형의 일부를 발췌한 것이다.

체계표 1   모든 부류나 영역에 사용가능한 숫자 구분

> ...
> 1   참고도서(사전, 용어집, 백과사전, 색인, 편람 등)
> 2   서지 등
> 3   역사 등
> 4   전기 등

체계표 2   지리 구분

> a   아메리카
> aa   북아메리카
> ...
> d   유럽
> ea   영국

서지분류법 초판에서 '교육'은 J인데, 위의 체계표를 사용하면 다음과 같이 나타낼 수 있다.

> 영국의 교육사   =   **J3ea**

이 분류기호는 패싯분류표에서의 분류방식과 매우 유사한 방법으로 조합된 것이다. 해당 주제는 구성요소가 되는 개념으로 분석되고, 다음과 같이 개별 개념에 기호가 부여된다.

```
역사  =  3
교육  =  J
영국  =  ea
```

이 표에 제시된 패싯 결합순서에 관한 지침과 조합 방법은 반드시 준수되어야 한다. 일반적으로는 먼저 주제로 분류하고, '지역'이나 '형식'으로 분류하지만 (예: 교육 - 영국 - 백과사전), 위의 사례와 같이 '형식'이 '역사'인 경우에는 '지역'이 가장 나중에 결합된다(즉, 새 - 역사 - 잉글랜드). 각기 다른 기호가 사용되었으므로 연결장치는 필요하지 않다.

블리스는 기호의 간결성에 대한 확고한 신봉자였다. 그는 기호를 경제적으로 유지하기 위해 3~4개의 문자나 숫자로 제한해야 한다고 생각했다. 아마도 이와 같은 이유로, 그는 자신이 '합성기호(composite notation)'라고 언급했던 것에 대해 충분히 강조하지 않았는데, 이것은 전문가 분류에서 필수적이라고 할 수 있는 복합주제를 위한 일반적인 기호합성 방식이었다. 그는 기호를 연결하는 데 붙임표(-)를 사용할 것을 옹호했다. 이와 같은 방법을 사용하면, '영국 교육사와 관련된 정치적 영향력'이라는 주제에 대한 분류기호는 다음과 같다.

J3ea-R (R은 '정치학')

뉴이십진분류법 (2003)

　듀이십진분류법은 서지분류법과 같이 표준구분이나 지역구분 등 일반적으로
적용할 수 있는 보조표를 사용한다. 더불어, 최근 판에서는 분류표 전반에 걸친
많은 항목들에 분석합성 방식인 기호합성 방법을 제시하고 있다. 636.8의 '고양
이'를 예로 들면 다음과 같다.

636.8 고양이
636.800 1 - .800 8　　고양이 사육에 관한 특수 주제의 표준구분
　　　　　　　　　　기본 기호 636.80에 '636.001~636.08'에서 636.0˙ 다음에
　　　　　　　　　　오는 기호를 부가하라.
　　　　　　　　　　예 : 고양이 사육 636.8082, 애완동물 이외의 특수 목적
　　　　　　　　　　으로 사육하는 고양이 636.8088
　　　　　　　　　　애완동물로서의 고양이는 636.8에 분류하라.

　636.0은 '축산업'에 대한 분류기호인데, 636.003~636.006이 표준구분을 이용
하도록 제시되어 있다. 표준구분인 T1을 보면, 03은 '백과사전'을 포함한다. 따
라서 위 지침을 적용하면 다음과 같다.

　　　　고양이 백과사전　　　＝　　　**636.8003**

또한 636.0에서 우리는 다음을 알 수 있다.

　　· · ·
　　636.08　동물 사육에 관한 특수 주제
　　· · ·
　　636.081 선택. 소유권 표시
　　· · ·
　　636.082 사육
　　· · ·
　　636.084 수유

위 발췌문을 통해 우리는 다음과 같은 분류기호를 이끌어낼 수 있다.

고양이 사육	=	**636.8082**

위의 분류기호는 다음과 같은 과정으로 도출되었다.

고양이에 대한 기본 기호	=	636.80
636.0 다음에 오는 기호를 부가하기 사육에 대한 기호	=	636.082
'636.80'에 '82'를 부가하기	=	636.8082

'고양이 먹이주기'도 같은 방법을 통해 다음과 같이 도출할 수 있다.

636.0 다음에 오는 기호를 부가하기 먹이주기에 대한 기호	=	636.084
'636.80'에 '84'를 부가하기	=	636.8084
고양이 먹이주기	=	**636.8084**

사례 3 B I C 주 제 분 류 법 (2006)

BIC 주제분류법에는 각 범주와 합성 가능한 5가지의 한정어 집합이 있는데, 각 한정어는 숫자로 시작한다.

1	=	지역
2	=	언어
3	=	시대
4	=	교육 목적
5	=	독서 수준 및 특수 관심사

예를 들년 1D＝유럽, 2AB＝영어, 3JJ＝20세기, 4KD＝영국의 시험, 5AS＝0~2세 유아용임을 각각 나타낸다. 이와 같은 한정어는 이 분류표의 핵심적인 특징이며, 분류표에 상당한 유연성을 제공한다.

예를 들어, '19세기 영국의 교육사'는 다음과 같은 범주에 할당된다.

YQH	교육: 역사	
	지역 한정어를 부가할 수 있음.	
IDBK	영국	
	시대 한정어를 부가할 수 있음.	
3JH	c1800 to c1900	

'독일어 독학'이라는 주제는 다음과 같은 범주에 속할 것이다.

CJBT	언어 독학 교재
	특정 언어 한정어를 부가할 수 있음.
2ACG	독일어

그 밖에 자주 사용되지 않는 한정어도 있다. 예를 들어 '크리스마스 파티 요리'라는 주제는 다음과 같은 범주에 할당할 수 있다.

WBR	파티용 요리
	'휴일 및 계절별 관심사' 한정어를 부가할 수 있음.
5HC	크리스마스

실무에서는 각 범주와 한정어를 4~5개로 제한하는 것이 적절하다고 한다. 그러나 대부분의 도서에 그 정도의 색인어를 부여해야 하는지는 확실하지 않다.

참고문헌

BIC Subject Categories. 2006. Book Industry Communication. Available at www.bic. org.uk/7/subject-categories.

Bliss, H.E. 1940~1953. *A Bibliographic Classification*, H. W. Wilson, New York, 4 v.

Dewey, Melvil. 2003. *Dewey Decimal Classification and Relative Index* (edition 22, ed.). by Joan S. Mitchell[et al]., OCLC, Dublin, Ohio. 4 v.

열 거 형 분 류 표 와 접 목 된 주 제 합 성 방 식

열거형 분류표에 분석합성 방식을 접목한 대표적인 사례로 2가지 분류표를 들 수 있다. 그중 하나는 1904~1907년에 발행된 **국제십진분류법**이다. 국제십진분류법은 오틀레(P. Otlet)와 라 퐁텐(H. La Fontaine)이 듀이십진분류법을 변형하여 구축한 것이다. 다른 하나는 훨씬 최근에 개발된 것으로서, 현재 개정 중인 블리스의 서지분류법 2판이다. 서지분류법 초판에 대해서는 앞의 7장(96~97쪽)에서 간략하게 언급했다.

사례 1 **국 제 십 진 분 류 법** (2009년부터 온라인으로 제공됨)[1]

국제십진분류법(UDC)은 '모든 분야의 지식을 대상으로 한 세계 최초의 다국어 분류표로서, 정교한 색인과 검색을 지원하는 도구'로 여겨지고 있다.[2] 지난 세기 동안 UDC는 활발하게 개정되었고, 여러 판으로 간행되었으며, 다양한 언어로 발간되어 '매우 유연하고 효과적인 시스템'이 되었다.[3]

듀이십진분류법(DDC)을 바탕으로 하고 있으나, 개념의 합성과 기호합성을 위해 조합기호와 생략 방식을 사용했다. 이를 통해 매우 상세한 분류가 가능해

져, UDC는 '특히 서가배열보다 검색에 적합한' 분류체계가 되었다(Maltby, 1975).

UDC 분류기호의 일부 사례를 제시하면 다음과 같다. 분류기호는 아래와 같이 DDC의 기호와 유사한데, 최소 3자리의 분류기호를 유지해야 하는 규정이 없으므로 DDC의 310은 UDC의 31에 해당한다.

31	통계
51	수학
53	물리학
54	화학
63	농업

위에서 제시한 바와 같이, 합성은 기호합성을 용이하게 하기 위해 조합기호와 생략 방식을 이용해서 이루어진다(일부는 건설정보통합분류법을 통해 앞 장에서 설명했다. 49~53쪽).

+와 /	조정과 확장을 의미
	+ 기호는 복수의 기호가 지닌 의미를 더할 때 사용되고,
	/ 기호는 연속적인 기호를 연결할 때 사용된다.
:	관계를 의미
	하나의 기호가 다른 기호와 맺은 관계를 나타낸다.

위와 같은 조합기호를 분류기호에 적용하여 합성주제를 나타내면 다음 사례와 같다.

수학과 물리학	= 51 + 53	
물리학과 화학	= 53/54	
농업과 관련된 통계	= 63:31 또는	31:63

UDC는 패싯 결합순서가 지정되지 않았으므로 분류기호의 결합 순서를 변경

알 수 있다. 따라서 UDC는 유연성이 매우 큰 분류표이다(52, 115, 124쪽도 참조). 필요하다면 이중 쌍점(::)을 사용하여 합성된 기호의 각 구성요소의 순서를 '고정'시킬 수도 있는데, 특히 UDC는 컴퓨터 기반 정보시스템에 사용되는 경우가 이에 해당된다.

농업과 관련된 통계 =	**63::31**

UDC 분류기호의 다른 사례는 다음과 같다.

17:7	예술에 관한 윤리
	17 = '윤리', 7 = '예술'
622+669	광업과 금속공학
	622 = '광업', 669 = '금속공학'
624+69+72	토목공학, 건물 및 건축
	624 = '토목공학', 69 = '건물', 72 = '건축'
57/58	생물학과 식물학
	57 = '생물학', 58 = '식물학'

다른 분류표와 공통적으로, UDC에서도 더욱 상세한 분류를 위해 본표 전체에 사용할 수 있는 공통 보조표를 제공하는데, 다음 표도 이에 해당한다.

표 번호	유형	표시기호
1c	언어	=
1d	형식	(0/9)
1e	지역	(1/9)
1f	인종	(= · · ·)
1g	시대	" · · · "
1k	일반 특성	
	속성	-02
	재료	-03
	사람	-05

예를 들어 339.5가 '무역관계'라면, 다음과 같이 분류기호를 조합할 수 있다.

339.5(410/44)	=	영국과 프랑스 간의 무역관계
		410 = '영국', 44 = '프랑스'.
		'지역'을 나타내는 기호는 보조표 1e에서 가져왔으며,
		'/' 기호는 양국 간의 관계를 나타내기 위해 사용됨

그리고

339.5(410/44)"17"	=	18세기 영국과 프랑스의 무역관계,
		"17"은 보조표 1g에서 가져온 '18세기'를 나타냄.

자료의 형식과 관련된 사례는 다음과 같다.

636.8(031)	=	고양이에 관한 백과사전, 636.8='고양이',
		(031) = 보조표 1d에서 가져온 '백과사전'을 나타냄.

'일반 특성' 보조표의 사용에 관한 사례는 '남성의 기대수명'이라는 주제를 통해서 찾아볼 수 있는데, 다음과 같은 분류기호를 부여할 수 있다.

314.118-055.1	이때 314.118 = '기대수명'이고 −055.1 = 보조표 1k에서
	가져온 '남성'을 나타냄

특정 상황에서는 일부 보조표를 적용하지 않을 수도 있다. 예를 들어 영어로 쓰인 조류학(ornithology) 관련 도서는 다음과 같이 분류할 수 있다.

598.2(02)=111	이때 598.2 = '조류학', (02) = '도서'(보조표 1d),
	= 111은 '영어'(보조표1c).

분류대상 자료가 단행본으로만 이루어져 있고 대부분의 자료가 영어로 쓰여

있다면, 개별 자료를 단행본이나 영어로 된 도서로 분류하는 것은 분명 의미가 없다. 그러나 다양한 유형의 매체나 언어가 정보시스템에 포함되어 있다면 이를 통해 자료를 구분할 필요가 있을 것이다.

UDC 보조표의 대부분은 유연성을 극대화시키기 위해서 괄호나 작은따옴표와 같이 2개씩 짝을 이루는 기호를 사용한다. 각 기호는 UDC의 분류기호 어디에나 적용가능하다. 따라서 '영국의 탄광업'이라는 주제는 '탄광업' = 622.33과 '영국' = (410)으로 구성되어 있으므로 다음과 같이 분류될 수 있다.

	622.33(410)	탄광업 — 영국
	622(410).33	광업 — 영국 — 석탄
또는	(410)622.33	영국 — 탄광업

1990년대에는 UDC가 지니고 있는 일부 열거적 측면이 보조표에서 제공하는 합성 장치와 충돌하기도 했다. 예를 들면 '여성범죄자'라는 주제는 본표에 343.914로 열거되어 있었다. 다행히 UDC의 최근 판에서 이와 같은 문제점이 수정되어, 해당 기호는 이제 보조표 1k를 이용해 다음과 같이 조합된다.

343.91-055.2 = 여성 범죄자
이때 343.91 = '범죄자', -055.2 = '여성'.

이 외에도 분류표 곳곳에 출현하는 특수보조표도 있는데, 이 보조표는 제한된 주제 범위에만 나타나는 개념을 표현한다. 예를 들면 '물리학'은 다음과 같다.

53.05 = '물리적 현상의 관찰과 기록'

여기서 05는 다음과 같이 기본 기호의 모든 세목에 첨가될 수 있다.

```
531          =  '기계'
531.05       =  '기계적 현상의 관찰과 기록'
531.5        =  '중력'
531.5 05     =  '중력 현상의 관찰과 기록'
```

UDC는 유럽의 전문도서관 및 매뉴얼 정보시스템과 자동화된 정보시스템 모두에 널리 사용되고 있다. 지도자료나 동영상, 동전, 군인 모형에 이르는 다양한 유형의 매체로 구성된 다수의 장서가 UDC를 이용해 조직되고 있다.[4]

1991년에는 국제십진분류법 컨소시엄이 발족되었는데, 초기 회원으로는 국제정보도큐멘테이션연맹(FID), 영국표준협회(BSI)를 비롯한 출판사 4개 기관이 참여했다. 국제십진분류법 컨소시엄이 관리하는 마스터 참조파일은 지속적으로 갱신되고 있으며 영문으로 된 표준판(BS1000)이 온라인으로 제공된다.[5]

사례 2 **서 지 분 류 법 2판** (Mills et al., 1977~)[6]

블리스는 그의 생애의 대부분을 분류 연구에 헌신했는데, 그의 사상과 아이디어는 1910년부터 다수의 논문과 도서로 발표되었으며, 1953년에 **서지분류법 초판**(BC)으로 그 결실을 맺었다. 블리스분류협회가 1967년에 영국에서 결성되었으며, 이 협회에서 BC에 대한 전면 개정판이 필요하다는 제안이 있었다. '그러나 이 개정판은 서지분류법의 기본 구조만 사용했을 뿐, 개정한 정도가 상당히 높아서 완전히 새로운 분류체계로 기술하는 것이 정확하다'.[7] 초판의 주요 특징 중 하나는 신중하게 설계된 주류의 배열순서이다. 이 순서는 사실상 블리스가 이 부분을 개발할 때 '학문 및 교육적 합의'라고 그가 부르던 것을 고수하기 위해 상당한 주의를 기울였다는 것을 드러낸다. 이는 '대다수의 주제 전문가들이 자신의 저작이 분류될 것이라고 예상하는 위치에 분류하는' 방법을 의미한다

(Maltby, 1975: 208).

1977년 블리스분류협회는 BC를 대폭 수정한 개정판을 발표하기 시작했는데, 이것이 서지분류법 2판(BC2)이다. 이 개정판은 패싯분류 원칙을 바탕으로 하며, 약 28권의 분류표 중 15권이 발행되었다. 가장 최근에 발행된 것은 2007년에 발행된 클래스 W '예술'이다(Mills). 이 분류표는 지속적으로 갱신되고 있으며, 개정사항이 『블리스분류법 연보(Bliss Classification annual Bulletin)』로 발행된다.

열거형 분류표인 초판에는 많은 주제들이 열거되어 있지 않아 분류를 할 수가 없었다. 2판은 패싯 방식이 어느 정도 적용되어 있고 합성이 가능하므로 이를 통해 매우 상세한 분류를 할 수 있다. 모든 클래스는 패싯 결합순서에 따라 뒤이어 나오는 모든 클래스(따라서 해당 클래스 앞에 배가되는)를 한정어로 사용할 수 있다. 이는 클래스 Q '사회복지'에서 발췌한 다음 사례를 통해 설명할 수 있다(1977).

Q	사회복지
QEL	주거보호
QLV	노인

주제를 분석한 다음에는 가장 구체적인 것에서 가장 일반적인 것에 이르는 순서로 된 BC2 본표의 역순으로 요소를 배열하여 분류한다. 그 후에 분류기호는 각 요소를 조합하여 구성하는데, 반복되는 초기 분류기호는 첫째 요소만 남기고 모두 생략된다. 따라서 분류기호는 다음과 같다.

노인을 위한 주거보호	=	**QLV EL**

마지막 분류기호는 원래 'QEL'인데, 분류기호를 조합할 때 'Q'가 생략되었다. BC2에서 제공되는 추가적인 분류 사례는 다음과 같다.

```
KMU R      농촌
. . .
KOM        실업
. . .
KVQ E      인도 사회
```

따라서 다음과 같은 분류가 가능하다.

```
인도 농촌의 실업   =   KVQ EOM MUR
```

앞에 나오는 'K'는 각 요소를 조합하기 전에 'KOM'과 'KMU R'에서 생략된다.

분류기호는 1~9 사이의 숫자를 일부 사용하는 것 외에도, 주로 알파벳으로 구성되고, 순차적으로 적용된다(126쪽 참조). 분류기호 3개마다 공백을 두어, 기호를 명확히 하고 이해를 돕는다.

상세한 자모순 색인이 클래스마다 제공된다. 이것들은 본표의 용어를 사용하여 작성되는데, 분산된 아이템들을 한 자리에 모으기 위해서는 연쇄 절차(171~173쪽 참조)가 사용된다. 위에서 언급한 사례인 '노인을 위한 주거보호'와 '인도 농촌의 실업'의 경우에는 색인어 목록이 다음과 같이 구성된다.

```
노인 : 주거보호 : 사회복지    QLV EL
농촌 : 실업 : 인도사회        KVQ EOM MUR
```

이 분류표가 '가장 유용하고 논리적인 순서를 제공하기 위해 설계'되었음에도, 'BC2는 융통성 없는 결합순서로 인해 이용자 요구를 충족시키지 못할 때도 있다는 점을 인정하고 있다'.[8]

BC2의 구축은 '분류연구그룹의 성과물을 활용하고 발전시켜 완전히 새로운 일반분류체계로 재탄생시키는 것을 목적으로 하는' 야심찬 프로젝트이다

(Rowley and Farrow , 2000). 이 프로젝트는 교육용도서관을 중심으로 하는 지지자들이 있기는 하지만(Foskett, 2000), 널리 사용되는 것은 아니다. 포스켓은 재정적인 측면을 비롯한 다른 요인들로 인해, UDC보다는 미래가 보장되어 있지 않다고 했다.

주

1 www.udconline.net.
   영국표준협회(BSI)는 UDC 온라인을 포함한 영문판 UDC 제품의 배포처이다.
2 www.udcc.org/about/htm.
3 같은 사이트.
4 www.udcc.org/BSI_brochure_2005.pdf.
5 www.udconline.net.
6 본문의 예시는 다음의 *Bliss Classification* website에서 발췌했다.
   www.blissclassification.org.uk/index/htm.
7 www.blissclassification.org.uk/bchist/htm.
8 www.blissclassification.org.uk/bcclass/htm.

참고문헌

Foskett, A.C. 2000. "The Future of Faceted Classification." in Rita Marcella and Arthur Maltby(eds.). *The Future of Classification*, Gower, Aldershot, Hants; Burlington, Vt., p.78.

Maltby, Arthur. 1975. *Sayers' Manual of Classification for Librarians*(5th ed.). Deutsch, London, p.208. Marcella(1994) is essentially a revised edition of this manual.

Mills, J. 1976. "Bibliographic Classification." in A. Maltby(ed.). *Classification in the 1970s: a Second Look*, rev. ed., Bingley, London, pp.25~50.

Mills, J., et al.. 1977~. *Bliss Bibliographic Classification (Second Edition)*, Butterworths, London, and Saur,. Munchen, vols in progress.

_____. 1977. Class W The Arts, by J. Mills and V. Broughton, with the assistance of Valerie Lang, Butterworths, London. A revised edition by C. Peddle was published in 1994.

_____. 2007. Class W The Arts, by J. Mills and C. Ball. Saur, Munchen.

Rowley, Jennifer and John Farrow. 2000. *Organizing Knowledge: an Introduction to Managing Access to Information* (3rd.). Gower, Aldershot, Hants; Burlington, Vt., p. 233. A 4th ed. of this work, by Rowley and Hartley, was published in 2008.

Universal Decimal Classification (various dates), English text (BS 1000). Available at: www.udconline.net. Examples shown here were checked via this site in 2009. BSI British Standards (British Standards Institution) is the distributor of English Language UDC products including UDC Online.

분 류 기 호

분류기호의 선정이 분류체계의 구축에서 첫 번째 단계라고 생각하는 것은 흔히 범하는 오류이다. 이제는 그렇지 않다는 것이 명확해질 것이다. 기호의 할당은 분류표 구축의 마지막 단계 중 일부이다.

그렇지만 분류기호는 매우 중요하다. '잘못된 분류기호는 잘 구축된 분류체계의 가치를 하락시킬 수 있다'(Aitchison, 1982). 분류기호에서 발견할 수 있는 자질의 일부가 아래 제시되어 있는데, 이것들은 '읽고, 쓰고, 입력하고, 말하고, 기억하기에 쉬운 분류기호에 대한 희망사항'이기도 하다.

▌유 일 성

하나의 개념이나 주제가 다른 것과 혼동되지 않도록 주의가 필요하다. 컴퓨터 기반 시스템을 예로 든다면, '볼 - 베어링(ball-bearing)'을 나타내는 구성요소에 대한 코드가 '기어박스(gear box)'와 같은 완제품에 동일하게 할당되는 경우 큰 문제가 생길 수 있다. 또한 어떤 주제의 식별과 실제 아이템의 식별을 유일하게 해주는 구별이 필요하다. 예를 들어, 미국국회도서관분류법(LCC)을 사용하는 도서관에서 '전자통신 분야에서 인공위성의 이용'이라는 주제는 TK5104라는 분류기호를 갖는데, 이 주제를 동일하게 다루는 도서는 여러 권이 있을 수 있고, 이 모든 도서는 동일한 분류기호를 할당받는다. 각 도서를 유일하게 식별하기 위해서는 무엇인가를 이 기호에 부가해야 하기 때문에, 실제로 분류기호와 도서기호를 조합하게 된다. 도서기호에는 저자나 복본 기호, 권차 기호 등을 나타내는 문자나 숫자가 포함될 수 있다. 이는 유사한 상황인 컴퓨터 기반 시스템에도 있는데, 어떤 코드가 레코드를 식별하고 위치를 나타내는 유일한 키로 사용될 수 있다. 몇몇 레코드가 동일한 분류기호를 갖는다면 추가적인 코드값이 부여되어야 한다.

▌단 순 성

분류기호는 쉽게 이해할 수 있고 그 기호가 반영하는 '고정된' 순서에 따른 순서 값을 가져야 한다. 따라서 다음과 같은 분류기호가 가능하다.

1		A
2	or	B
3		C
not		
$		
&		
*		

분류기호를 혼동하지 않도록 유의해야 하는데, 예를 들면 알파벳 대문자 'O'와 숫자 '0', 알파벳 소문자 'l'과 숫자 '1'이 이에 해당된다.

산업분야의 분류와 코딩을 위해서는, '정보나 데이터, 구성요소 등의 논리적이고 의미 있는 식별 체계를 제공함으로써 제조업의 여러 기능을 지원할 수 있도록, 일반적으로 숫자로만 구성되어 있고 동일한 길이로 이루어진 것이 가장 바람직한 유형의 기호로 간주된다'(McConnell, 1971: 1).

▌간결성

분류기호는 가능한 한 간결해야 한다. 기본 기호가 길수록, 분류기호가 짧아진다는 것에 주목하자. 예를 들어, 문자를 사용하면 기본 기호가 26개이므로 2개의 문자만 사용해서 676개의 주제(26×26)에 대해 분류기호를 부여할 수 있다. 숫자를 사용하면 기본 기호가 10개인데, 2개의 기호로는 100개의 주제(10×10)만 분류기호를 부여할 수 있다.

합성 방식이 자체적으로 분류기호를 간결하게 하는 것은 아니라는 점도 주목하자.

▌수용성

분류기호는 필요한 경우 새로운 개념이나 주제를 수용할 수 있는 능력이 있어야 한다. 즉, 분류기호는 하위 주제나 동위 주제 모두를 삽입할 수 있어야 한다. 전자는 십진수(또는 동일한 원칙에 따른 문자의 사용)를 사용함으로써 매우 쉽게 이룰 수 있다. 만일 1이 '소설'을 나타내고 2는 '시'를 나타낸다면, 이 방식으로 추가적인 확장이 가능하다.

1	소설
11	역사소설
12	연애소설
13	공상과학소설

2	시
21	서정시

새로운 동위주제를 삽입하는 것은 더욱 어렵지만, 기호 사이에 간격을 부여함으로써 가능할 수 있다. 예를 들면 다음과 같다.

1	건축
4	시험
7	유지보수

그러나 이 간격이 적합한 위치에 있지 않을 수 있으며, 그 경우 분류표에서 요구되는 배열순서를 위반할 수도 있다.

▌유 연 성

이용자의 특정 요구에 따라 패싯 결합순서를 변경할 수 있다면 유용할 것이다. 패싯 분석은 선호되는 패싯 결합순서에 매우 효과적으로 다양성을 보장한다(52쪽 및 124쪽도 참조).

▌표 현 성

좁은 의미에서 기호의 결합순서를 고정하고 반영하는 모든 분류기호는 '표현성'이 있다고 본다. 그러나 몰트비와 같은 저자는 표현성을 기호가 분류표의 구조를 반영하는 계층적 분류표와 동일시한다(Maltby, 1975). 예를 들면 다음과 같다.

1	군수품	
11	대포	
111		야포

표현성은 이용자가 분류표의 체계적인 순서를 쉽게 이해할 수 있고, 계층적 탐색에 유용할 수 있다는 점에서 때로 유용하지만, 분류기호의 필수적인 자질은 아니다. 표현성이 높아지면 분류기호가 길어져서 수용성을 제한할 수 있다.

위에 제시한 분류기호의 특성인 유일성·단순성·간결성·수용성·유연성· 표현성을 모두 갖춘 분류기호가 바람직하지만, 단일 분류체계에 이 모든 특성을 적용하는 것은 분명히 어려운 일이다. 특히 패싯분류표에서는 합성 방식이 기 호의 간결성과 단순성, 표현성을 보장하지 않는다.

▌ 역 행 기 호

분류기호를 간략하게 줄이기 위해 종종 패싯분류표에서 사용되는 장치 중에 는 '역행'기호가 있다. '역행'의 기본 의미는 '뒤쪽으로'이다. 분류용어에서 역행 기호란 알파벳이나 숫자의 방향을 앞에서 뒤로 바꾸어 패싯의 변경을 나타내는 것을 의미한다. 다음과 같은 분류기호가 있다고 하자.

ABCD

위와 같은 분류기호는 방향을 바꾸지 않았으므로 하나의 패싯에서만 추출된 기호이다. 그런데 다음과 같은 분류기호가 있다고 하자.

CDEBCDABC

위와 같은 기호는 방향의 변경이 있었으므로 패싯을 변경한 것이다. E와 B,

D와 A 사이에서 변경이 일어났다. 위의 분류기호는 다음과 같이 나타낼 수도 있다.

CDE/BCD/ABC

그러나 빗금(/)은 분류기호의 역행으로 인해 불필요하게 되었다.

이와 같은 분류기호를 할당하면, 알파벳의 첫 문자는 가장 나중에 결합될 패 싯을 나타내는 데 사용되어야 하고, 주 패싯에는 사용해서는 안 된다. 문자 'A'는 한 번 사용되는데 이전 패싯에서 반복해서 사용될 수 없다. 마찬가지로 'B'도 한 번 사용되는데, 재사용될 수 없다. 따라서 사용가능한 기본 기호는 점차 감소한 다. 따라서 주 패싯에 도달할 때까지 충분한 분류기호가 남아 있어야 함에 주의 해야 한다. 일반적으로는 다른 패싯에 기호를 할당하기 전에 주 패싯을 위해 예 약된 기본 기호의 양이 충분한지 확인하게 된다.

28~42쪽에서 설명한 부동산 중개인의 분류표에 적용된 역행기호를 소개하면 다음과 같다.

DE 애트웰	CD 아파트	BC 방 1개.	AB 5만~10만 £
DF 블랜포드	CE 2세대 방갈로	BD 방 2개.	AC 1만~1만 5000£
DG 크로스우드	CF 단독 방갈로	BE 방 3개.	AD 15만~20만 £
DH 덴비	CG 연립 주택	BF 방 4개.	AE 20만~25만 £
	CH 2세대 주택	BG 방 5개.	AF 25만~30만 £
	CJ 단독 주택		AG 30만~35만 £

위 분류표에 따른 분류기호 사례는 다음과 같다.

크로스우드 지역의 방 1개인 아파트. 가격은 약 9만 5000£. = **DGCDBCAB**
블랜포드 지역의 아파트   = **DFCD**

사례 1 유일성 — NATO 코드체계 (NATO 코드관리국가그룹, 1958~ 현재)

NATO 코드체계는 북대서양조약기구(NATO) 회원국이 사용하는 상품 분류체계 및 코드표를 가리킨다. 이 분류표의 '주요 목적은 군사작전 시나리오상에 배치된 군사들이 그들의 임무를 성공적으로 완수하기 위해 적합한 물자를 얻을 수 있도록 확인하는 것'이다(NATO⋯, 2008: [1]). 이 분류표는 1946~1952년 동안 미국에서 개발된 연방목록시스템의 일부인 연방공급분류표에 기초한 것이다. 연방공급분류표는 1958년에 NATO가 도입했으며, '종이기반 시스템에서 복합적인 컴퓨터기반 시스템으로 수년간에 걸쳐 발전했다'(Pergolesi, 2006). 이 분류표는 개별 회원국의 국립코드관리국이 운영한다. 또한 이 분류표는 유일한 재고번호가 개별 공급 아이템에 할당되고, 'NATO 군 간의 장비의 교환 및 저장을 지원한다'(MacConnell, 1971).

NATO 코드에서 첫 영역의 4자리 숫자는 장비나 상품, 구성요소의 유형을 나타내는 그룹/클래스 접두어이다. 이 중 처음 2자리 숫자는 특정 그룹을 식별하고 다음 2자리 숫자는 해당 그룹 내의 특정 하위그룹이나 클래스를 식별한다. 이 영역에서 분류표는 계층적인데, 예를 들면 그룹 10 = '무기'이고 1040 = '화학무기'이며, 그룹 34 = '금속가공기계'이고 3416 = '선반'이며, 그룹 59 = '전기 전자 장비 및 부품'이고, 5905 = '저항기'이다.

5905	저항기로서의 부품을 식별

이 코드 번호의 두 번째 영역은 2자리 숫자로 된 국가코드이며, 해당 장비나 상

품의 출처인 국가를 식별하는 데 사용된다. 예를 들면 00＝미국, 99＝영국이다.

> 5905-00 미국산 저항기

코드 번호의 세 번째 영역은 7자리 숫자로 이루어진 아이템 식별기호이다. 이 숫자는 전체 NATO 번호에 유일성을 부여한다. 이 번호는 각국에서 임의로 할 당하며, 별도의 의미를 갖지 않는다.

따라서 NATO 재고번호(NSN)의 완전한 13자리 숫자는 다음과 같다(NATO…, 2008: [7]).

이용자가 읽기 쉽도록 하기 위해, NSN의 전략적인 지점에 줄표(-)를 넣는 것 이 일반적인데, 예를 들면 5905-00-734-5199와 같다(NATO…, 2003: [15]).

첫 번째 계층 영역에서는 단 2단계의 구분만 있었고, 그룹/클래스 접두어가 4 자리 숫자로 제한되어 있기 때문에, 2자리는 메인 그룹에, 2자리는 하위그룹에 부여하면 최대로 표현 가능한 그룹과 하위그룹은 100×100＝10,000개가 된다. 그러나 이것은 주제 분류에만 한정된 것으로 상품의 원산국으로 추가 세분이 가 능하고 0부터 9,999,999에 이르는 임의의 번호를 부가할 수 있기 때문에, 실제 로 취급할 수 있는 구성요소의 수는 거의 무한하다.

국가 번호와 임의의 번호로 이루어진 이 번호의 마지막 9자리 숫자는 NATO

아이템을 세계에서 유일하게 식별해준다.

위 사례에서 도출된 몇 가지 주요 논점은 다음과 같다.

1 동일한 길이와 고정된 자릿수를 가진 숫자만으로 이루어진 기호의 사용
2 원산국의 식별
3 위 사례에서 제시한 저항기에 속한 특정 부품을 구분하기 위한 유일한 임의의 숫자형 식별기호의 추가

사례 2 단 순 성 — 런 던 교 육 학 분 류 법 (Foskett and Foskett, 1974)

위에서 살펴본 바와 같이 단순하기 위해서는, 이상적으로 기호가 반드시 순서를 나타내야 하고, 간단해야 하며, 이해하기 쉽고, 기억하기 쉬워야 하며, 쓰고 말하기도 쉬워야 한다. 분명히 위의 모든 속성을 하나의 기호체계에 담기는 어렵다.

위와 같은 특성 중 상당수를 포함한다고 간주되는 분류표에는 **런던교육학분류법**(LEC)이 있다. 알파벳 기호로만 이루어져 있어 순서를 나타낼 수 있고, 분류기호의 대부분이 세 자리 기호로만 이루어져 있으며, 이해하거나 쓰기 쉽다. 이 기호들은 또한 대부분 발음할 수도 있다. 예를 들면 다음과 같다.

Bux	문서화
Fab	교직
Hab	교육 경영
Lob	시청각 도구
Pil	성교육
Ror	성가대 학교

발음할 수 있는 기호는 'Bux', 'Pil', 'Ror'와 같이 어떤 흥미로운 조기성을 갖는

번호가 된다. 안타깝게도 2판에서는 4자리 기호가 포함되어 있어서 발음할 수 있는 요소들이 줄어들었다.

사례 3 간결성 ‒ 서지분류법 (Bliss, 1940~1953)

런던교육학분류법의 사례와 같이, 3자리로만 구성된 기호법은 분류기호를 매우 짧게 해준다. 간결한 분류표를 지향했던 또 다른 분류표인 서지분류법 초판(BC)도 간략한 기호법을 사용하고 있다. 예를 들면 다음과 같다.

유럽사 = **M**

위의 분류기호는 DDC에서는 다음과 같이 나타낼 수 있다.

유럽사 = **940**

BC의 기본 기호는 대문자를 포함하며, 블리스는 주류의 기호가 절대 4자리를 넘을 필요가 없다고 생각했다. 기본 3자리 문자는 1만 7576개의 주제를 수용할 수 있으며, 4자리 문자는 45만 6976개의 주제를 수용할 수 있다. 따라서 특정 주제가 매우 짧은 분류기호를 할당받을 수 있다. 예를 들면 다음과 같다.

GER = 동물 근육의 생화학 작용
UCJF = 우유 생산

분류기호는 3자리를 넘지 않는 경우가 대부분이지만, 체계표와의 합성 방식을 사용함으로써(96~97쪽 참조) 기호법이 더욱 복잡해졌다.

사례 4　간 결 성 ― 서 지 분 류 법 2판 (Mills, 1977~)

서지분류법 2판(BC2)에서는 광범위한 기본 기호와 기호의 순차적인 속성이 '분류표의 상세성에 비해 예외적으로 간결한 분류기호를 만들었다'라고 주장하고 있다. 예를 들어 '시한부 환자와 그들의 가족을 위한 간병인으로서의 간호사'에 관한 저작의 분류기호는 HPK PEY FBG K로 정확히 표현할 수 있다.

사례 5　수 용 성 ― N A T O 코 드 체 계

사례 1에서 제시한 이 분류표는 처음 2자리 숫자가 특정 그룹을 식별하고, 그 다음 2자리 숫자가 그룹 내의 특정 클래스를 식별한다. 기호 중 일부는 사용되지 않았으므로 다음과 같이 확장될 여지가 있다.

11	핵무기
1105	핵폭탄
1110	핵무기 발사체
1115	핵탄두 및 관련부품
. . .	
20	선박 및 해양 장비
22	철도 장비
23	지면효과 장비,※ 자동차, 트레일러, 이륜차

※ 지면효과(Ground Effect Vehicles)를 받는 장비로서, 비행기나 헬리콥터가 이에 속한다.

미국국회도서관분류법(LCC) 5판의 클래스 Q '자연과학'에는 다음과 같은 항목이 있다(Library of Congress, 1951).

QD 화학	
유기화학	
241	정기간행물
243	연감
245	합집
248	역사
· · ·	

'백과사전'은 열거되어 있지 않으므로 '유기화학 백과사전'라는 주제는 분류할 수 없다. 그런데 LCC 6판의 클래스 Q '자연과학'에는 다음과 같은 항목이 있다(Library of Congress, 1951).

246	사전 및 백과사전

이 분류기호는 분류표 상의 적합한 위치에 깔끔하게 배치되었다. 수용성을 위해 분류기호 245와 248 사이에 남은 공간을 이용했기 때문이다.

이제 '유기화학 백과사전'이라는 주제를 다음과 같이 분류할 수 있다.

QD 246

이 분류표의 분류기호 중 I, O, W, X, Y는 주류에 사용되지 않는다(215쪽도 참조). 또한 둘째 자리 기호도 일부 기호를 사용하지 않고 남겨두었는데, 다음 단계에서의 추가적인 주제 삽입을 위한 것이다.

사례 7 유 연 성 ― 런 던 교 육 학 문 류 법 (Foskett and Foskett, 1974)

런던교육학분류법은 구체성 증가순으로 패싯을 배열했는데, 다음 사례와 같다.

Lab	교수법
…	
Mim	수학
…	
Ref	중등학교(11~18세)

따라서 분류표에서 권고하거나 우선시하는 패싯 결합순서는 다음 사례와 같이 배열순서의 역순이 된다.

Ref Mim Lab   =   중등학교에서의 수학 교육

그러나 포스켓은 이 분류표를 통해 주제를 합성하는 개별 도서관이나 정보서비스 기관에서 패싯 결합순서를 변경하는 것을 원할 수 있다고 지적했다. '패싯 분류표의 가장 큰 장점은 특정 이용자에게 적합하도록 패싯이 어떤 순서로든 배열될 수 있다는 점이다'(Foskett and Foskett, 1974: 9). '교수법'을 다루는 모든 자료를 함께 모은 다음, 주제로 먼저 하위구분하고 다음에 환경에 따라 하위구분하기를 원한다면, 패싯 결합순서는 본표 배열순서에 따라 변경될 수 있으며, 분류기호는 다음과 같이 된다.

Lab Mim Ref   =   중등학교에서의 수학 교육

패싯의 변경지점이 대문자와 소문자의 교차를 통해 지시되고 있다는 점에 주목하자. 따라서 대문자는 패싯지시기호의 역할을 한다. 국제십진분류법 분류기호의 유연성에 대한 추가 사례는 105~107쪽에 제시했다.

사례 8 표 현 성 — 건 설 정 보 통 합 분 류 법 (Crawford, Cann and O'Leary, 1997)

건설정보통합분류법의 구조가 분류기호에 반영되었음을 주목하자.

```
P     재료
P4        금속
P41          강철
P413            합금강
P4131             스테인리스강
```

사례 9 표 현 성 — 영 국 음 악 분 야 분 류 법 (반 대 사 례)

```
PW     건반악기
· · ·
Q      피아노
· · ·
R      오르간
· · ·
RW     현악기
· · ·
S      바이올린
```

영국음악분야분류법의 구조는 분류기호에 의해 드러나지 않는다. '피아노'와 '오르간'은 모두 '건반악기'이지만, Q와 R이 PW에 속한다는 것이 명시적으로 드러나지 않는다. 이와 유사한 상황은 '바이올린'과 '현악기' 간에도 발생한다.

위에서 제시한 바와 같이 전적으로 순서만 나타내는 분류기호(ordinal notation)는 표현성이 떨어지며, 새로운 개념이 본표 상의 어느 곳에라도 추가될 수 있도록 하므로 분류기호의 수용성이 커진다.

사례 10 역 행 기 호 ― 영 국 음 악 분 야 분 류 법 (Coates, 1960)

> G 　모음곡
> P 　독주
> Q 　피아노

위 분류기호는 기호의 전개 순서와 반대로 결합될 수 있는데, 분류기호는 다음과 같다.

> 피아노 독주 모음곡 = QPG

매번 패싯이 변경될 때마다 알파벳도 역순으로 전개된다는 것에 주목하자.

사례 11 역 행 기 호 ― 서 지 분 류 법 2 판 (B C 2)(Mills, 1977~)

'요양시설 거주 노인을 위한 도서관 서비스 제공'이라는 주제는 다음과 같이 분류할 수 있다.

> **QLV EPX L**

이 분류기호는 108쪽에 제시했던 아래와 같은 분류표에서 도출한 것이다.

> Q 　　　사회복지
> QEL 　　거주보호
> QEP X 　도서관 서비스 제공
> QLV 　　노인

패싯이 변경될 때마다 기호의 배열순서가 알파벳의 역순이 된다. 즉, 'V'와 'E' 사이, 'X'와 'L' 사이가 이에 해당된다. 이와 같은 기호를 역행기호라고 한다.

사례 12 역 행 기 호 ― 듀 이 십 진 분 류 법 (Dewey, 2003)

인식하지 못했을 수도 있지만, **듀이십진분류법**은 '역사류'에 역행기호의 특성을 포함한다.

잉글랜드의 역사

· · ·

942.05 튜더 시대의 잉글랜드 역사

· · ·

942.1 런던의 역사

· · ·

942.105 튜더 시대의 런던 역사

분류기호가 '0'으로 돌아갈 때마다, 즉 '0'으로 역행할 때, 구분의 특성이 '지역'에서 '시대'로 변화함에 주목하자.

주

1 www.blissclassification.org.uk/bchist/htm.

참고문헌

Aitchison, Jean. 1982. "Indexing Languages, Classification Schemes and Thesauri." in L. J. Anthony(ed.). *Handbook of Special Librarianship and Information Work*(5th ed.). Aslib, London, pp. 207~261.

Bliss, H. E. 1940~1953. *A Bibliographic Classification*, H. W. Wilson, New York, 4 v.

Coates, E. J. 1960. *The British Catalogue of Music Classification*. British National Bibliography, London.

Crawford, Marshall, John Cann and Ruth O'Leary(eds.). 1997. *Uniclass: Unified Classified Classification for the Construction Industry*, RIBA, London.

Dewey, Melvil. 2003. *Dewey Decimal Classification and Relative Index* (edition 22, ed.). by Joan S. Mitchell[et al]., OCLC, Dublin, Ohio. 4 v.

Foskett, D. J. and Joy Foskett. 1974. *The London Education Classification: a Thesaurus/classification of British Educational Terms*(2nd ed.). University of London, Institute of Education Library. Currently(2009) the Institute continues to use this scheme but see note on pages 106~107.

Library of Congress(various dates), *Classification*, LC, Washington, 43 v.
  Class Q: Science, 5th ed., 1951, and 6th ed., 1973.

MacConnell, W. 1971. *Classification and Coding: an Introduction and Review of Classification and Coding Systems*, British Institute of Management, London, p. 2.

Maltby, Arthur. 1975. *Sayers' Manual of Classification for Librarians*(5th ed.). Deutsch, London, p. 208. Marcella(1994) is essentially a revised edition of this manual.

Mills, J., et al. 1977~. *Bliss Bibliographic Classification (Second Edition)*, Butterworths, London, and Saur,. Munchen, vols in progress.

Palmer, Bernard I. and A. G. Wells, 1951. *The Fundamentals of Library Classification*. Allen & Unwin, London, p. 62.

NATO Group of National Directors on Codification. 2008. *Brochure on the NATO Codification System(NCS)*. Available at: www.nato.int/codification.

NATO Group of National Directors on Codification. 2003. *Guide to the NATO Codification System(NCS)*. Available at: www.nato.int/codification.

Pergolesi, Mauro. 2006. *50 years of NATO : Codification Plays a Vital Role*, p. [5]. Available at: www.nato.int/codification.

본표 배열순서와 패싯 결합순서

117쪽의 역행기호를 사용한 부동산 중개인의 분류표에서는 각 패싯을 결합 순서대로 배열했지만, 실제로는 다음과 같이 패싯을 알파벳 순서로 배열할 필요 가 있으며, 알파벳순 배열이 더욱 유용할 것이다.

AB 5만~10만 £	BC 방 1개	CD 아파트	DE 애트웰
AC 10만~15만 £	BD 방 2개	CE 2세대 방갈로	DF 블랜포드
			DG 크로스우드
. . .			

사실 이는 35~36쪽에 언급했던 내용인데, 본표 배열순서가 패싯 결합순서와 일치하지 않는 경우이다. 이 사례에서 패싯 결합순서는 다음 사례와 같이 본표 배열순서의 반대일 것이다.

크로스우드 지역의 방 1개인 아파트. 가격은 약 9만 5000£ = **DGCDBCAB**

역행기호가 사용되지 않아도 일반적으로 적용되는 일반 주제 선행원칙, 즉 '일반적인 것'이 먼저 오고 '특수한 것'이 나중에 오는 순서를 지킨다면, 패싯 결 합순서는 본표 배열순서의 반대가 될 수 있다.

예를 들어 특정 분류표에서 '교량'이 A1이라는 분류기호를 가지고, '건설'이 B1이라는 분류기호를 가지며, 패싯 결합순서가 '건축물의 유형' 뒤에 '행위'가 오도록 되어 있다고 하자. 그러면, '건설'이라는 주제의 분류기호는 B1이고, '교량 건설'라는 주제에 대한 분류기호는 A1B1이 된다. 따라서 이 분류기호들은 다음과 같이 배열된다.

A1B1
B1

위의 순서는 '일반적인 것'이 '구체적인 것' 앞에 오는 배열이 아니다. 토목공사에 관한 저작은 특정 건축물의 유형에 대한 저작보다 먼저 배열되어어 한다.

만약 패싯 결합순서는 동일하게 유지하되, 본표 배열순서의 역순으로 만들면 어떨까? 이를 위해서는 분류기호를 수정해야 하는데, 알파벳 순서에서 첫 문자가 본표에서 첫째로 지정된 패싯을 지시하도록 해야 한다. 즉, 다음과 같다.

행위	건축물 유형
A1 건설	B1 교량

이제 '건설'에 대한 분류기호가 A1이고, '교량 건설'에 대한 분류기호는 B1A1이 되어, 다음과 같이 배열된다.

A1   건설
B1A1   교량 건설

위 사례는 '구체적인 것'보다 '일반적인 것'이 먼저 오도록 배열되었다. 이것은 '도치의 원칙'을 반영하는 것으로, 자료의 배열순서가 패싯 결합순서의 역순이어야 한다는 것을 의미한다.

그러나 패싯 결합순서와 본표 배열순서가 반드시 달라야 하는 것은 아니다. 다양한 유형의 기호를 이용해 서로 다른 패싯을 구분하면, 기호를 통해 자료의 배열순서를 '일반적인 것'에서 '특수한 것'으로 할 수 있다. 예를 들어 '문학'에 대한 분류표에서 분류기호 B가 '영문학'이고, 2가 '희곡', e가 '수필'이며, 패싯이 이 순서대로 결합된다면 분류기호의 사례는 다음과 같다.

B2	영문희곡
B2e	영문희곡에 관한 수필
Be	영문학에 관한 수필

'영문학에 관한 수필'이 '영문희곡에 관한 수필'보다 더 일반적인 주제이므로, 자료의 배열에서 맨 앞에 와야 한다. 따라서 알파벳 소문자로 된 분류기호가 숫자로 된 분류기호보다 먼저 배열된다는 것을 규정해야 하며, 이 순서를 적용하면 다음과 같다.

Be	영문학에 관한 수필
B2	영문희곡
B2e	영문희곡에 관한 수필

위 사례를 통해 '일반적인 것'에서 '특수한 것'으로 배열되었음을 확인할 수 있다.

▌패 싯 공 식

60~62쪽의 사례는 랑가나단의 PMEST 공식을 이용한 것이다. 이 공식을 이해하는 것은 어려울 수 있다. 예를 들어, '개성(personality)'이란 무엇인가? 이에 대

한 '간단명료한 정의를 내놓는 것은 상당히 어려운 일'이다(Maltby, 1975).

그러나 랑가나단은 패싯 결합순서에 대해 명시적이고 포괄적인 이론을 성립한 최초의 분류이론가이다. 이 순서는 '구체성의 감소'라는 개념으로서, '가장 쉽게 인식되는 개념(가장 '구체적인 것')이 비교적 어렵게 인식되는 개념보다 먼저 결합되어야 한다'(Mills, 1977~)는 의미이다. 이후 다른 이론가들이 비교적 쉽게 적용할 수 있는 일반화된 패싯공식을 제시했다. 우선 주 패싯인 '대상'을 식별해야 하는데, 이것은 연구의 목적, 최종 산출물에 해당되며 가장 먼저 결합된다. 그 이외의 패싯은 '의존 순서에 따라 결합되는데, 예를 들면, '행위'는 어떤 대상에 대해 수행되어야 하며, '행위자'는 행위의 주체가 되도록 반드시 어떤 동작을 포함해야 하는 것이다'(Mills, 1977~). 이와 같은 표준 패싯 결합순서는 다음과 같이 표현할 수 있다.

> **대상 ― 종류 ― 부분 ― 재료 ― 속성 ― 절차 ― 행위 ― 행위자**

어떤 분야에서는 이 공식이 잘 적용될 수 있다. 예를 들어, '현수교※의 스테인리스 강 철사의 엑스레이 검사 장비'라는 주제는 다음과 같이 분석할 수 있다.

> 대상(교량) ― 종류(교량 지지대) ― 부분(철사) ― 재료(강철) ― 속성(스테인리스) ― 절차(엑스레이) ― 행위(검사) ― 행위자(장비)

그러나 포스켓은 예를 들어, 문학과 같은 분야에 이 공식을 어떻게 적용할지를 지적했다(Foskett, 1996).

'지역'과 '시대'는 PMEST에 포함되는데도 위 공식에 나타나지 않는다. 영국의 분류연구그룹 회원들이 개발한 패싯분석 이론에서는 위의 공식에 기본적으로

※ 양쪽 언덕에 줄이나 쇠사슬을 건너지르고, 거기에 의지하여 매달아 놓은 다리.

동의하면서 '공간'와 '시대'를 포함하는 13개의 범주를 제시했다.[1]

물론 '지역'과 '시대'는 많은 주제분야에 공통적으로 적용되는 패싯이며, 패싯 분류표에서도 지역과 시대는 본표의 앞이나 뒤에 '보조표'로 취급된다.

일반적인 패싯공식과 관계없이, 중요한 것은 특정 분류표의 패싯 결합순서가 이용자 요구를 수용하는지를 확인하는 것이다.

공식의 첫 부분인 '대상-종류'는 이 순서가 하위패싯이나 '패싯 내의 패싯'을 나타내는 데 필요하다는 것을 의미한다. 예를 들어 '음식'에 대한 분류표를 개발한다면, 다음 사례와 같이 '재료'에 따라 그룹화할 수 있을 것이다.

육류	채소과일류
생선	과일
일반육류	채소 등.
가금류 등.	

'일반육류'에 대한 하위패싯을 추가할 수도 있는데, 예를 들면 다음과 같다.

일반육류
  소에서 얻은 것
  쇠고기

  돼지에서 얻은 것
  베이컨
  햄
  기타 돼지고기

  양에서 얻은 것
  새끼양고기
  양고기

주
1 www.blissclassification.org.uk/bchist/htm.

참고문헌

Foskett, A.C. 1996. *The Subject Approach to Information*(5th ed.). Library Association, London, p.154.

Maltby, Arthur. 1975. *Sayers' Manual of Classification for Librarians*(5th ed.). Deutsch, London, p.61.

Mills, J., et al.. 1977~. *Bliss Bibliographic Classification*(Second Edition), Butterworths, London, and Saur, Munchen, vols in progress. Introduction and auxiliary schedules, by J. Mills and Vanda Broughton. p.40.

분류표에 대한 기타 특징
패싯분류표와 열거형 분류표의 장단점 요약

▋ 총 류

도서관 자료를 대상으로 개발된 분류표에서는, 특정 주제 영역에 분류되기 어렵고 모든 분야에 속할 수 있는 문헌을 분류하기 위한 장치를 제공해야 한다. 예를 들면 일반 백과사전인『콜럼비아 백과사전』이나 신문인《타임》지, 정기간 행물인《스펙테이터》등이 이에 속한다. 그러므로 '일반 저작'이나 '총류'와 같은 부류를 이용해서 이와 같은 문헌을 분류할 수 있게 된다.

예를 들어 듀이십진분류법(DDC)은 000을 사용하고, 이 부류에서 030은 일반 백과사전 저작에 할당했다.『보통 사람을 위한 백과사전』은 영문으로 된 백과 사전인데, 영어를 나타내는 분류기호 '2'를 추가하여 032에 분류된다.

이때 일반적인 주제를 다룬 백과사전 및 정기간행물과 특정 주제를 다룬 백 과사전 및 정기간행물은 주의해서 구별해야 한다. 후자에 속하는 저작을 분류 할 때는 우선 주제에 의해 분류한 다음 형식을 적용한다. 예를 들어, '고양이 백 과사전'을 DDC를 이용하여 분류한다면 636.8003에 분류될 것이며, '고양이 잡 지'는 636.8005에 분류될 것이다.

보는 분야에 속하는 주제에 관한 다른 사례에는 '도서관학'도 포함되는데, 모든 분야의 지식을 아우르는 정보의 처리와 관련이 있기 때문이다. DDC는 또한 '문헌정보학'을 총류인 020에 분류하고 있다. 그중 025.4는 '주제 분석 및 제어'이며, 이 책의 주제인 '분류'는 025.42에 분류될 것이다.

▌문 헌 근 거

'문헌근거' 원칙은 **미국국회도서관분류법**(LCC)에 근거한 것인데, 분류가 실제로 소장된 자료의 주제를 반영해야 한다(83쪽 참조)는 것이다. 이 원칙에 따르면 다른 분류표에서는 적절하게 표현될 수 없는 주제 분류도 허용할 수 있다. 예를 들면 다음과 같다.

셰익스피어와 앤 해서웨이	=	**PR 2906**
열과 빛, 소리	=	**QC 220**

'열과 빛, 소리'라는 주제를 가진 책은 많이 있을 것이다. 그러나 이 주제를 DDC으로 분류하는 것은 거의 불가능하다. DDC의 경우에 선택할 수 있는 것은 다음 항목들밖에 없다.

530	물리학 일반
534	소리
535	빛
또는	
536	열

그러나 문헌근거는 패싯분류표에도 적용되었는데, 패싯분류표에 포함된 개념들이 해당 주제분야의 문헌에서 얻은 것이기 때문이다. 문헌에서 추출된 개

넓은 실제 문헌에 나타난 합성주제를 형성하기 위해 조합될 수 있다. 이 원칙은 국제십진분류법(UDC)에 적용되었다. UDC는 DDC를 바탕으로 개발되었지만, 102~107쪽에 제시된 바와 같이, 기호를 사용해서 다음 사례와 같이 분류기호를 합성할 수 있다.

열과 빛, 소리	=	534/536

▌주류의 배열순서

분류이론가들이 다루는 문제 중 하나는 일반분류표에서 이른바 '주류'의 배열순서에 대한 것이다. 예를 들어 DDC는 '언어(400)'와 '문학(800)'이 '자연과학(500)', '기술과학(600)', '예술(600)'에 의해 분리되어 있는 점에 대해 비판을 받는다. 그러나 '주된' 부류를 구성하는 것은 무엇인가? DDC는 전체 지식을 10개의 유로 구분했는데, 이것이 가능한가? 이것은 실질적인 논리적 기반이 있는 것이 아니고, 기호법의 특성에 따라 처음부터 결정된 것이다.

일반적으로는 주류의 배열순서보다 특정 유에 속하는 하위항목의 배열순서가 더욱 중요하다고 간주된다. 그러면 후자의 배열순서에 대한 중요성을 다룬 연구가 있을까? 몰트비는 무엇보다 '배열순서는 학생들이 해당 학문 분야 자체의 구조를 학습하도록 해준다'고 언급했다(Maltby, 1975). 주류의 배열순서에 대한 충분한 논의는 이 책의 범위를 벗어난다. 그러나 하나만 지적하자면, 배열순서를 결정하는 주된 기준으로 이용자 요구가 그 무엇보다도 중요하게 취급되어야 한다는 것이다. 만일 어떤 주류의 배열순서가 다른 것보다 이용자에게 더 유용하다면 그것을 배열순서로 선정해야 한다. 이 기준은 아마도 전체적인 순서보다는 밀접하게 관련된 주류들이 서로 인접해야 한다는 것을 의미하는데, 예를

들면 언어와 문학, 자연과학과 기술과학, 사회과학과 역사가 인접해야 한다는
것이다.

　주류의 배열순서를 지정하지 않는 시스템 중에는 '자유배열 패싯분류법'이라
고 알려진 것이 있다.

▌개 념 분 류

　일반분류표에서 보았듯이, 전 지식분야를 포괄한다는 것은 지식 분야를 기본
적으로 몇 개의 학문분야로 나누는 것이다. 그리고 이것은 계층적 분류표나 패
싯분류표 모두에 해당되며, 하나의 개념이 학문 분야에 따라 여러 개의 서로 다
른 분류기호를 가질 수 있다는 것을 의미한다. 예를 들어 '금'은 기술과학의 광산
학 분야에서 특정한 분류기호를 가지게 되지만, 경제학 하위의 금융 분야에서는
다른 분류기호를 가질 것이다. 또한 상업에서의 보석류 분야에서는 또 다른 기
호를 가질 수도 있다. '개념 분류(free classification)'에서는 하나의 개념이 관점에
따른 맥락과 관계없이 단 하나의 분류기호만 갖기 때문에 주류의 배열순서는 불
필요하다.

　이와 같은 분류표에서는 '금'이라는 개념이 하나의 고정된 기호를 가지며, 해
당 기호를 탐색하면 '금'과 관련된 모든 문헌이 관련 분야에 관계없이 검색될 것
이다. '금 채굴'에 관한 문헌은 '금'에 대한 기호와 '채굴'에 대한 기호를 조합함으
로써 탐색될 수 있다. 이것은 후조합색인과 유사한 방식이다(168~170쪽 참조).
브리슈건축분류법(46~47쪽)은 펀치 카드를 사용해 이와 같은 방식으로 탐색할
수 있다. 하나의 카드에 대해 특정 개념과 관련된 번호 부분에 구멍을 뚫으면,
바늘을 통과시킴으로써 필요로 하는 개념이나 개념의 조합이 있는 색인 카드를
선택하게 되어 정보가 검색된다.

이와 같은 시스템은 컴퓨터기반 데이터베이스 탐색에 매우 적합하며, 따라서 개념 분류는 인터넷상에서 유용한 온라인 검색 방식으로 선호되었다(Gnoli and Mei, 2006).

그놀리는 '왜 패싯분류표에 개념 분류의 장점을 도입하지 않는가?'라고 의문을 제기했다(Gnoli and Mei, 2006). 그리고 그 결과로 분류기호가 개념 간에 존재하는 관계 유형을 표현하는 패싯을 포함할 수 있는 '자유배열 패싯분류법(freely faceted classification)'을 제안했고(Gnoli and Mei, 2006), 이는 우리가 영국 분류연구그룹의 오스틴과 다른 회원들이 수행한 연구를 다시 검토하도록 만들었다.[1] 오스틴은 PRECIS에서 이 이론을 실행으로 옮겼다(173쪽 참조).

▌패 싯 분 류 표 와 열 거 형 분 류 표 의 장 점 및 단 점 요 약

분류표의 2가지 접근방식에 대한 장점과 단점을 간략하게 요약하면 다음과 같다.

패싯분류표

패싯분류표는 개념만 나열한다. 따라서 복합주제를 위한 분류기호는 개념의 결합을 통해 만든다.

- 장점
- 복합주제가 열거되어 있지 않으므로, 편집하기가 용이하다.
- 또한 같은 이유로 본표가 상대적으로 짧지만, 그 간결성에도 불구하고 매우 단순한 주제부터 상당히 복잡한 주제까지 모두 분류할 수 있다.
- 많은 경우에 새로운 주제는 기존의 개념을 조합함으로써 수용할 수 있다.

– 패싯분류표는 상세성과 정확성을 제공하기 위한 가장 좋은 방식으로 꼽힌다.

– 패싯분류표는 열거형 분류표에 나열되어 있지 않은 주제를 분류할 수 있다.

• 단점

– 분류기호가 길고 복잡하며, 도서관의 서가에 문헌을 배열하는 데 적합하지 않을 수 있다.

– 패싯 결합순서의 문제로 분류자가 어려움을 느낄 수 있다.

열거형 분류표

열거형 분류표에서는 분류대상을 단순주제에서 복합주제에 이르는 주제를 가능한 한 모두 나열하고자 한다.

• 장점

– 열거형 분류표는 잘 구축되어 있어서, 전 세계에서 오랫동안 상당히 성공적으로 수용된 만큼 일상적으로 널리 사용되고 있다.

– 상당히 짧고 복잡하지 않은 분류기호를 사용하며, '분류기호를 통해' 분류표의 구조를 나타내기가 상대적으로 쉽다.

– 도서관에서 모든 분야를 다루는 열거형 분류표를 사용함으로써, 분류기호가 중앙 서지레코드에 포함되어 표준화가 촉진된다. 예를 들면 DDC와 LCC는 미국국회도서관과 영국국가도서관에서 제공되는 사람과 기계가 모두 읽을 수 있는 서지레코드에 포함되어 있다.

– 또한 DDC와 같은 분류표에는 '분류기호의 보전성(integrity of numbers)'에 대한 가능성도 있는데, 이는 기존 기호를 안정적으로 사용하려는 듀이의 정책이다.

• 단점

- 사전에 모든 주제를 예상하여 열거하는 것은 불가능하다.

- 단순한 주제조차도 분류표에 수용할 수 없는 경우가 있다.

- 새로운 주제를 수용할 수 없으며, 주기적인 개정이 필요하다. 열거형 분류
표는 사실상 분류표의 노후화를 전제로 한다.

모든 분야를 다루는 열거형 분류표는 특수한 목적에는 적합하지 않을 수 있
다. 예를 들면 특정 주제 분야에 특화된 도서관이나 정보서비스 기관에서는, 열
거형 분류표가 특수한 영역까지 상세하게 나타내지 못할 수 있다. 따라서 제한
된 주제 분야만을 다룰 때는 그 분야에 특화된 분류표가 필요하다. 그 분류표는
열거형 분류표이거나 패싯분류표일 수 있다. 특수분류표는 사무 문서의 물리적
배열이나 컴퓨터 기반 시스템에 저장된 개체의 코드화에도 유용하다.

주

1 예를 들면 다음을 참조할 것. Austin, Derek. 1976. "The CRG Research into a Freely
Faceted Scheme." in *Classification in the 1970s: a Second Look*, ed. by Arthur
Maltby, Bingley, London, 1976, pp.158~194.

참고문헌

Gnoli, Claudio and Hong Mei. 2006. "Freely Faceted Classification for Web-based
Information Retrieval." *New Review of Hypermedia and Multimedia*, 12(1), pp.
63~81.

Maltby, Arthur. 1975. *Sayers' Manual of Classification for Librarians*(5th ed.). Deutsch,
London, p.59.

분류와 색인어의 자모순 전거 리스트의 관계
시 소 러 스 의 편 찬

인쇄된 형태의 도서는 수백 년간 핵심적인 정보원이었다. 도서의 자모순 색인은 그 내용을 알려주었으며, 색인 없이는 상세한 정보를 찾기가 매우 어려웠다. 다음은 도서의 색인 일부를 발췌한 것이다(Pictorial knowledge, 1970).

> 항공학　　　항공을 참조
>
> 항공
>
> 　　　　　· · ·
>
> 　　　　　비행기, 비행선, 열기구, 글라이더도 참조
>
> 운송수단
>
> 　　　　　· · ·
>
> 　　　　　항공도 참조, · · ·

발췌문에 나온 엔트리를 자세히 살펴보면 다음과 같은 계층구조를 알 수 있다.

위 엔트리들은 자모순 색인에서 분류를 사용한 간단한 사례이다.

도서에 대해 자모순 색인이 반드시 제공되어야 했던 것과 같이, 컴퓨터 기반 정보시스템을 포함한 모든 정보시스템은 자모순 주제 접근 방식을 도입할 필요가 있을 것이다.

색인어를 일관성 있게 선정하기 위해서는 특정 용어에 대한 레코드, 즉 '전거 리스트'를 작성할 필요가 있을 것이다. 예를 들어, 전거 리스트에서 '항공'이라는 엔트리는 다음과 같이 제시될 것이다.

항공	
비대표어	항공학
상위어:	운송수단
하위어:	비행기, 비행선, 열기구, 글라이더

이것은 도입어인 '항공'이 색인에 사용하는 우선어이며, '항공학'은 색인에 사용되지 않는다는 것을 나타낸다. '항공'은 상위어인 '운송수단'에 속하고, 하위어로는 '비행기', '비행선', '열기구', '글라이더'를 가지며, 하위어 4개는 대등어가 된다.

사례로 든 도서 색인의 엔트리를 더 제시하면 다음과 같다.

비행
· · ·
항공도 참조

이 추가 용어인 '비행'은, 물론 '조류 비행'과 관련이 있을 수 있으므로 전거 리스트에 추가될 필요가 있다.

항공	
비대표어	항공학
상위어:	운송수단

하위어:	비행기, 비행선, 열기구, 글라이더
연관어:	비행

이와 같은 전거 리스트가 어떻게 사용되는지 추가로 설명하기 위해 도서관 목록을 예로 들 수 있다. 도서관 목록과 같은 시스템에서는 문헌이나 다른 기록 정보의 주제가 확정되면 해당 주제를 분류기호로 변환하는 것이 아니라, 그 주제를 명확하고 구체적으로 설명하는 자모순 색인어를 선정해야 한다. 예를 들면, '우체국 노동자의 임금'라는 주제를 가진 특정한 문헌이 있을 수 있다. '자연언어'를 사용하면 용어를 해당 문헌에서 직접 선정할 수 있는데, 주제를 나타내는 용어는 다음과 같다.

> 임금
> 우체국
> 노동자

자연어 색인만 필요하다면 위 용어를 그대로 사용할 것이다. 그러나 일관성 있는 색인이 필요하다면 적합한 전거 리스트를 찾아야 한다. 이 경우 '우체국'은 그대로 사용할 수 있지만, '임금'은 '보수'로 바꾸어 사용하는 것이 더 적절하고 '노동자' 대신 '직원'을 사용하는 것이 더 적절하다. 따라서 전거 리스트에 따라 선정되는 용어는 다음과 같다.

> 보수
> 우체국
> 직원

위와 같이 색인언어가 '제어'되어, 동일한 주제는 하나의 용어로 일관성 있게 색인된다. 오늘날에는 구조화된 제어어휘나 색인언어를 '시소러스'라고 부른다.

다음은 시소러스에서 일반적으로 사용하는 엔트리들이다(Thesaurus, 1997).

혈전증
상위어	심혈관 질환
하위어	뇌 혈전증
	관상동맥 혈전증
연관어	색전증

'항공'에 대한 엔트리와 유사한 방식으로 다음과 같이 계층관계 및 대등관계, 그룹화가 가능하다.

이와 같은 방식으로 개념을 그룹화하는 것은 상당히 명확한 분류 절차를 포함하는 것이다. 그렇다면 분류표가 자모순 배열 시소러스를 편집하기 위한 토대를 제공할 수 있을까? 매우 분명하게 '그렇다'고 할 수 있으며, 감탄스럽게도 패싯분류표 그 자체는 이 과정에 적절하다. 이러한 방법은 비일관성을 최소화할 수 있도록 해주고, 시소러스가 굳건한 원칙에 입각하여 구축될 수 있게 한다.

예를 들어 '사람'에 관해 구축된 분류표가 있다면, 다음과 같은 패싯을 포함할 것이다.

```
             사람
    연령        성별        인종
    어린이      남성        유럽인
    성인        여성        아시아인
    . . .       . . .       . . .
```

위의 패싯 중 첫 번째는 시소러스가 이와 같은 분류표에서 구축될 수 있다는 것을 설명하는 사례로 사용될 것이다. 첫 번째 패싯을 더 상세히 나타내면 다음과 같다.

```
  사람
      연령
      영아
      유아
      어린이
      청소년
      성인
          청장년    주의: 성인의 하위 패싯임
          중년
          노년
```

위와 같은 개념을 선정했다면, 다르게 해석될 수 있는 특정 개념들에 대하여 정의를 내릴 필요가 있다.

```
  사람
      연령
      영아        0~2세
      유아        3~5세
      어린이      6~12세
      청소년      13~17세
      성인        18세 이상
```

청장년	19~39세
중년	40~59세
노년	60세 이상

더불어 이 단계에서는, 각 개념에 대한 '비우선' 형식이 존재하면 이 또한 다음과 같이 제시해야 한다.

사람

   비대표어: 인간

<u>연령</u>

영아	0~2세
유아	3~5세
어린이	6~12세
청소년	13~17세
비대표어: 십대	
성인	18세 이상
비대표어: 어른	
청장년	19~39세
중년	40~59세
노년	60세 이상
비대표어: 노령	

이제 각 개념에 대한 시소러스의 엔트리가 구성되어야 한다. 다음과 같이 수많은 시소러스에 표준적으로 차용되는 약어를 사용한다.

SN	범위주기
UF	비우선어
BT	상위어
NT	하위어
RT	연관어

예를 들어, '노년'에 대한 시소러스 엔트리는 다음과 같다.

노년

SN	60세 이상
UF	노령
BT	성인
RT	청장년
	중년

이 엔트리가 분류표에 제시되었던 기존의 계층관계와 대등관계를 이용해서 구축되었다는 것에 주목하자. 또한 다음과 같이 '노년'에 대한 비우선어로 구성된 추가 엔트리도 작성할 필요가 있다.

노령   **노년** 참조

원한다면 유사한 방식으로 '성인'에 대한 시소러스 엔트리를 생성할 수 있다. '성인'에 대한 시소러스 엔트리는 다음과 같다.

성인

SN	18세 이상
UF	어른
BT	사람
NT	청장년
	중년
	노년
RT	영아
	유아
	어린이
	청소년

위 결과를 여러분이 만든 엔트리와 비교해보라. 다음과 같이 비우선어인 '어른'을 위한 추가 엔트리가 필요하다는 것에 주의해야 한다.

어른	**성인** 참조

실제로 시소러스를 작성할 때는 다음과 같이 동일한 관계 유형 내의 용어를 자모순으로 배열하는 것이 유용하다.

성인

SN	18세 이상
UF	어른
BT	사람
NT	노년
	중년
	청장년
RT	어린이
	영아
	유아
	청소년

모든 우선어와 비우선어에 대한 엔트리가 이와 같은 방식으로 구축될 수 있다. 완성된 엔트리는 자모순으로 배열된다.

최종 결과물은 체계적으로 개발되어 검색시스템에서 '색인어'로 사용되도록 추천된 자모순 용어 및 그 용어들과의 관련이나 대체 가능한 용어, 유사어들의 리스트가 된다.

앞에서 설명한 방식의 시소러스는 개별적으로 생산되거나, 바탕이 되는 분류체계와 함께 발행될 수 있다.

분류표가 시소러스와 통합되지 않았으며, 자체적인 목적을 가지지 않는 시소러스 구축용으로만 작성되었다면, 편집과정이 상당히 단순화된다. 간단한 자모순 배열만 사용되므로 동위류의 배열순서나 본표 배열순서, 패싯 결합순서에 주의하지 않아도 된다.

시소러스가 분류표와 함께 발행된다면, 시소러스는 시소러스 자체로도 사용되고, 분류표의 색인으로도 사용되어 2가지 기능을 수행한다. 예를 들어 대문자로 된 분류기호를 '연령' 패싯에 부가하면 다음과 같다.

P 사람		
	UF 인간	
	연령	
PA 영아		0~2세
PB 유아		3~5세
PC 어린이		6~12세
PD 청소년		13~17세
	UF 십대	
PE 성인		18세 이상
	UF 어른	
PEA	청장년	18~39세
PEB	중년	40~59세
PEC	노년	60세 이상
	UF 노령	

그리고 이에 해당하는 일반적인 색인/시소러스 엔트리는 다음과 같다.

중년	**PEB**
SN	40~59세
BT	성인
RT	노년
	청장년

그러나 표현 방법은 다양하며, 일부 분류표에서는 시소러스와 연계된 장점을 충분히 활용하기 위해서 반드시 분류표 자체를 확인해야 한다.

시소러스의 전체 사례는 151쪽과 같다. 그다음 152쪽부터는 시소러스와 결합된 분류체계의 3가지 사례가 있는데, 각 사례에 서로 다른 표현 방법을 적용했다.

시소러스 사례
우선어는 굵은 글씨체임

노년
SN	60세 이상
UF	노령
BT	성인
RT	중년
	청장년

노령　**노년** 참조

사람
UF	인간
NT	성인
	어린이
	영아
	유아
	청소년

성인
SN	18세 이상
UF	어른
BT	사람
NT	노년
	중년
	청장년
RT	어린이
	영아
	유아
	청소년

십대　**청소년** 참조

어린이
SN	6~12세
BT	사람
RT	성인
	영아
	유아
	청소년

영아
SN	0~2세
BT	사람
RT	성인
	어린이
	유아
	청소년

유아
SN	3-5세
BT	사람
RT	성인
	어린이
	영아
	청소년

인간　**사람** 참조

중년
SN	40~59세
BT	성인
RT	노년
	청장년

청소년
SN	18~39세
BT	성인
RT	노년
	중년

청장년
SN	18-39세
BT	성인
RT	노년
	중년

II 시소러스와 결합된 분류표의 사례

사례 1   **런던교육학분류법** (Foskett and Foskett, 1974)

런던교육학분류법은 원래 런던 대학교의 교육대학원 도서관에서 사용하기 위해 구축되었으며 현재도 사용되고 있다(120~121, 124쪽도 참조).[1] 2판은 시소러패싯(12장 사례 2)의 영향을 받았으며, 시소러스 형식의 자모순 영역이 포함되어 있다.

다음은 이 분류표에서 발췌한 색인/시소러스 엔트리와, 이 엔트리를 기반으로 작성된 분류표 엔트리의 사례이다.

Bus	교육학 연구
· · ·	
But	연구방법론 · · ·
Butj	데이터 수집
Butk	연구방법
Butl	인터뷰
Butm	질문지법
Butn	조사
Butp	추적조사
Butr	분석
Buts	컴퓨터 처리
Butt	통계 분석
Butv	결과 검증
Buty	결과 발표

위 발췌문에서 도출된 색인/시소러스 부분을 제시하면 다음과 같다.

분석   Butr

SN	연구 데이터의 정밀 조사	
	철학적 분석과 구분됨	
BT	연구방법	
NT	컴퓨터 처리	
	통계 분석	
RT	인터뷰	
	조사	
	질문지법	

컴퓨터 처리   Buts

SN	연구 기법 중 하나
BT	분석
RT	통계 분석

연구방법   Butk

SN	연구를 위한 전략
BT	교육학 연구
NT	분석
	인터뷰
	조사
	질문지법
RT	결과 검증
	결과 발표
	데이터 수집
	연구방법론

'사람'의 사례에서 설명한 원칙에 따라 위 엔트리를 살펴보자. 위 엔트리들이 분류표에서 직접적으로 획득되었으며, 그 분류표의 자모순 색인이라는 부가적인 역할도 수행하고 있다는 것에 주목하자. **런던교육학분류법**의 사례에서 분류표에 열거된 개념들은 시소러스에서도 반복되고 있다. 따라서 자모순 시소러스는 분류표를 참고하지 않고도 그 자체로서 하나의 개체로 사용될 수 있다.

시소러패싯은 공학 및 관련분야의 패싯분류표와 시소러스로서, 영국의 전기 회사(현재는 개별 기업으로 존재하지 않음)에서 사용하기 위해 개발된 것이다. 현재는 다소 구식으로 여겨지지만 분류표-시소러스 통합 시스템 유형의 시초가 된 분류표라는 점에서 중요하기 때문에 본문에 포함했다.

시소러패싯에서는 분류표의 계층구조에 제시된 관련어가 분류표의 색인에는 반복되지 않는다. 색인에서는 새로 추가된 관련어만 수록된다. 따라서 분류나 자모순 주제색인을 위해서는 분류표와 색인을 함께 이용해야 한다.

다음은 시소러패싯의 일부분을 발췌한 것이다.

SV	**하수처리 공학**
SV2	하수
SV4	가정 하수
SV6	공업 폐수
SV7	토양 오염
SV9	지표수 오염
SVB	하수관
SVC	오수 하수관
SVD	우수(빗물) 하수관
SVE	맨홀
SVG	하수 펌프
SVH	사이펀(하수)
SVJ	하수의 취급
· · ·	
SVS	하수 처리

그리고 다음은 색인/시소러스에서 '하수'에 해당하는 엔트리이다.

하수	SV2
UF	하수처리시설
RT	대기 부식
BT(A)	폐기물

'하수'라는 용어의 상위어로는 '하수처리 공학'과 하위어인 '가정 하수', '공업 폐수' 등이 있고, 연관어 '하수관', '하수 펌프' 등은 분류표에 나타나 있으므로, 색인/시소러스에서는 반복되지 않았다는 점에 주목하자. 그러나 시소러스 엔트리는 본표에 제시되지 않은 용어들을 포함하고 있다. 이러한 경우의 사례로 '대기 부식'이라는 관련어가 있으며, 분류표의 계층구조에 나타난 '하수처리 공학'이 아닌 '폐기물'(SU6 클래스)이라는 상위어가 추가되어 있는 것을 확인할 수 있다. BT(A)에서의 'A'는 '추가'되었음을 의미한다. 분명히 이것은 경제적인 장치이지만 '하수'와 관련된 모든 용어를 확인하기 위해서는 본표와 시소러스를 모두 사용해야 한다는 것을 의미한다.

시소러패싯의 '직접적인 후계자'는 없지만, BSI 루트 시소러스(158쪽 참조)가 시소러패싯을 기반으로 구축되었다(Foskett, 1996).

사례 3 런던경영학분류법 (2005)

53~56쪽에서 설명했던 런던경영학분류법은 시소러스 역할도 수행한다. 이전 판에서는 자모순 색인보다는 본표가 이 기능을 수행했으며, 색인은 본표 내의 색인어 위치를 지시하는 전통적인 기능을 수행했다. 그런데 최근에 개정된 판에서는 자모순 배열 부분에서 계층관계를 매우 명확하게 설명하고 있다.

다음은 자모순 색인에서 일부를 발췌한 사례이다.

```
보험                    FGC
    UF      생명보험
    BT      금융혜택
    NT      건강보험
            실업급여
    RT      보험회사
            연금
```

FGC에 해당하는 본표를 참고하여 색인 엔트리를 다시 작성하면 다음과 같다.

```
FGC     보험
    UF      생명보험
    RT      보험회사
            연금


FGCB    건강보험
    UF      상해보상금
            상해보험
            장기 장애보험
            질병보험
    RT      공공의료서비스
            산업보건
```

자모순 배열에서, 상위어와 하위어는 일반적인 시소러스 방식으로 제시되어 있다. 분류순 배열에서는 분류기호와 들여쓰기가 용어 간의 계층관계를 나타낼 필요는 없다. FGCB의 '건강보험'이 '보험'에 속한다는 것이 명확해 보이긴 하지만, 상위관계와 하위관계가 명확한 것은 아니다.

'건강보험'의 관련어 중에는 '공공의료서비스'가 있다. 이것이 분류표의 본표에 제시되지 않은 이유는 LWL 클래스에서 왔기 때문이다. 이와 같은 용어를 포함해야 하지만, 본표에서 자동으로 확인되는 관계가 아니므로 정확히 찾아내기가 어렵다.

▌시소러스에서 사용하는 약어

'상위어'를 의미하는 BT와 '하위어'를 의미하는 NT는 매우 기초적인 표준 약어이지만, 모든 시소러스에서 사용할 필요는 없다. NASA 시소러스는 이러한 점에서 약간 다른 시소러스인데, 이 시소러스는 미국항공우주국의 항공우주분야 데이터베이스에 수록된 문헌을 색인하고 검색하기 위해 제어된 주제어를 포함하고 있다. 이 시소러스에 수록된 용어들은 계층적으로 구조화되어 있지만, BT와 NT 대신 '보편어(General structure)'를 나타내는 GS라는 약어를 사용한다. 다음은 이에 대한 간략한 사례이다.

음향 피로	
UF	청각 피로
GS	피로(물질)
	. 음향 피로
RT	음향시설

이 사례에서 GS는 '음향 피로'가 '피로(물질)'의 하위어임을 나타낸다. 다른 약어인 UF와 RT는 일반적인 용법에 따라 사용되었다. '피로(물질)'와 같이 괄호 안에 한정어를 사용하고 있음에 주목하자.

GS, BT, NT, RT 등의 약어는 영어라는 특정 언어에 의존적이다. 영어 이외의 언어권이거나 다중 언어 시소러스를 구축할 때는, 영어보다 중립적이거나 특정 언어에 독립적인 기호체계를 사용하는 것이 더 바람직할 것이다. 이에 영국표준협회에서는 다음과 같은 기호체계를 제안했는데, 향후 국제표준의 일부가 될 수 있을 것이다(British Standards Institution, 1979).

→	우선어
=	비우선어
⟨	상위어
⟩	하위어
—	연관어

위 기호들은 BSI 루트 시소러스에 사용되었다(1988).[2] 다음은 151쪽에 제시한 시소러스 사례 중, 대표어인 '성인'과 비대표어인 '어른'에 대한 엔트리를 위의 방식으로 표시한 것이다.

성인
18세 이상
=	어른
⟨	사람
⟩	중년
	청장년
—	어린이
	영아
	유아
	청소년

어른
→	**성인**

주

1 본문에 쓰인 사례는 1974년판에 속하는데, 현재까지 이것이 최신판이다. 현재(2009),
영국교육도서관협회에서 이 분류표를 계속 사용하고 있으나, 개정판으로 변경하는데
필요한 변화를 수용하지 못해, 대체로 초판의 형식을 사용하고 있다. 그러나 일부 분류
기호는 본문에 인용된 것과 동일하게 남아 있으며, Bux('문서화'), Mim Lab('수학 교수
법'), Min Ref('중학교에서의 수학')와 같은 분류기호는 웹기반 온라인 목록에서 탐색할
수 있다.※ 시소러스는 원 분류표의 일부분이 아니므로, 이 협회에서는 별도의 개체로
남아 있다. 시소러스는 초판보다 더 방대해졌으며, 분류표보다 더욱 자주 갱신되어 필
요한 경우 새로운 용어가 추가된다. 이 분류표는 기계 기반 버전을 제공하기 위해 수 년
간 협회 내부에서만 사용하며 갱신되었다. 협회의 직원과 시간적인 제약으로 인해 전
체적으로 이 분류표를 수정하기는 어려웠다.

　 런던교육학분류법(LEC)을 협회 외부에서 사용할 수는 없었지만, 애치슨(Aitchison,
1982)은 LEC가 'EUDISED 시소러스의 범주와 서지분류법 2판의 J 교육 클래스,
UNESCO 시소러스의 교육 부분에 영향을 미칠 정도로 매우 중요하다'고 했다.

2 BSI 루트 시소러스는 158쪽에서 언급한 바와 같이, 시소러패싯을 바탕으로 한 것이다.
따라서 자모순 리스트를 가진 분류순 주제명을 포함한다. 분류표 부분에서는 주제 분
야의 배열을 위해 패싯 분석을 사용하여 각 용어에 대한 완전한 정보를 제공한다. 이 정
보는 자모순 리스트에서도 반복되지만 계층구조 상에서 하나의 단계만을 제시한다.

참고문헌

Aitchison, Jean. 1982. "Indexing Languages, Classification Schemes and Thesauri." in L.
　　　　J. Anthony(ed.). *Handbook of Special Librarianship and Information Work* (5th
　　　　ed.). Aslib, London, pp. 205~261.

Aitchison, Jean, Alan Gomersall and Ralph Ireland. 1969. *Thesaurofacet : a Thesaurus
　　　　and Classification for Engineering and Related Subjects*(4th ed.). English
　　　　Electric, Leicester.

British Standards Institution. 1979. *Guidelines for the Establishment and Development
　　　　of Monolingual Thesauri*, BSI, Milton Keynes(BS 5723). Based upon the
　　　　'guidelines' previously issued by the International Standards Organisation(ISO

※ 원문의 URL은 http://ioe.sirsidynix.net.uk/uhtbin/cgisirsi/f1733GAeBe/SIRSI/62510052/
60/502/x인데, http://ioe.sirsidynix.net.uk/uhtbin/cgisirsi/?ps=4rYEhJ1F0N/SIRSI/95440047/
60/502/X)로 수정된 것으로 확인된다.

2788).

BSI Root Thesaurus. 1988. 3th ed.. British Standards Institution, Milton Keynes.

Foskett, A.C. 1996. *The Subject Approach to Information*, 5th ed., Library Association, London, p.368.

Foskett, D.J. and Joy Foskett. 1974. *The London Education Classification: a Thesaurus/ Classification of British Educational Terms*, 2nd ed., University of London, Institute of Education Library.

London Business School Library. 2005. *London Classification of Business Studies: Thesaurus*, The Library, 2 v.[Vol. 1] Classified Sequence, [Vol. 2] Alphabetical Sequence. This is a new version of the scheme first devised by K.D.C. Vernon and Valerie Lang in 1970, revised by K.G.B. Bakewell and David Cotton in 1979.

Pictorial Knowledge. 1970. International Learning Systems, London, 8 v.

Thesaurus of Psychological Index Terms. 2007. 11th ed.. edited by Lisa Gallagher Tuleya, American Psychological Association, Washington. The entry cited in the text is taken from the 1974 edition and varies slightly in this latest edition.

Unesco Thesaurus: a Structured List of Descriptors for Indexing and Retrieving Literature in the Fields of Education, Science, Culture, Communication and Information. 1994. New ed.. Unesco, Paris. Previous edition compiled by Jean Aitchison, 1977.

Viet, Jean and Georges van Slype. 1984. *EUDISED Multilingual Thesaurus for Information Processing in the Field of Education*(New ed.). English version, Mouton, Berlin. At head of title: Council of Europe. Commission of the European Communities.

13

탐색도구로서의 분류표

　여러분이 도서관의 사서 보조나 서점의 보조 직원으로 일하고 있을 때, 이용자나 고객이 여러분에게 '스테고사우루스'에 관한 것을 문의했다고 상상해보자. 예상했겠지만 서가를 찾아봐도 이용자가 요구한 주제와 관련된 구체적인 정보는 없을 것이다. 유능한 보조로서 여러분은 '공룡'이나 '선사시대의 동물', '선사시대의 생물'과 같은 적합한 정보를 담은 자료가 있는지 체크할 것이다. 이와 같은 방법으로 탐색 절차를 수행한다면, 여러분은 특정 주제가 속한 상위 클래스를 식별하는 방법을 통해 분류체계를 활용하고 있는 것이다.

▌전거 리스트와 시소러스의 활용

　앞에서 제시했던 '스테고사우루스'와 관련된 사례는 단순한 것이다. 많은 사람들이 스테고사우루스가 공룡이라는 것을 알 것이다. 그러나 사람들이 언제나 특정 주제어의 맥락이나 대체 접근점으로 사용될 수 있는 관련어를 아는 것은 아니다. 이러한 점에서, 앞 장에서 설명한 주제명표목의 자모순 리스트나 시소러스는 관련어를 보여주므로, 색인과정뿐 아니라 탐색과정에서도 유용한 도구이다. 다음은 왕립간호대학교 도서관의 간호학 시소러스에서 발췌한 엔트리이다(RCN Library Thesaurus of Nursing Terms, 2007).

수정	
UF	인간 수정
BT	생식
NT	인공수정
RT	생식력

'수정'이 색인어로 사용되는 용어이며, '생식'을 통해서 탐색을 상위개념으로 확장하거나, '인공수정'을 통해서 검색을 축소하거나, '생식력'을 이용해서 탐색을 동위개념으로 확장할 수 있음을 의미한다.

널리 사용되는 미국국회도서관주제명표(LCSH)[1]도 다음에 제시된 엔트리와 같이 유사한 방식으로 구성되어 있다(2008).

고무	
. . .	
UF	경질 고무
	에보나이트
	인도 고무
	천연 고무
	탄성 고무
BT	라텍스
	비목재임산물
RT	구타페르카※
	탄성중합체
NT	가황
	과율 고무

※ 동남아시아에서 야생하는 여러 종류의 고무나무에서 얻는 천연 열가소성 고무.

기포 고무
전기 절연체 및 절연성--고무
탄성 직물

. . .

경질고무
USE 고무

색인에서 이 리스트를 사용한다면, 문헌에서 '경질고무'를 사용하든 '고무'를 사용하든 차이가 없다. 단, 해당 문헌의 색인어는 반드시 '고무'여야 한다. 이전 장에서 설명한 것처럼, 색인언어는 제어된다. '경질고무'로 탐색하는 것은 생산적이지 않지만, 탐색자는 위의 리스트를 참고하여 우선어가 '고무'라는 것을 알 수 있다. 게다가 '고무'라는 용어를 참조함으로써, 여러 관련어를 탐색에 사용할 수 있다는 점도 알 수 있다.

색인어가 문헌에서 직접 추출되는 자연어의 경우에도 시소러스나 LCSH와 같은 자모순 주제명표는 탐색 과정을 지원할 수 있다.

이용자가 자연어 시스템에서 낙하산을 이용한 외양항해선의 속도 제어의 가능성에 대한 정보를 탐색한다고 상상해보자. 그는 '낙하산 AND 선박(ship)'으로 검색을 했지만 적합한 결과를 얻지 못했다. 사실 정보시스템에 존재하는 적합한 문헌의 제목은 '대형 선박(tanker)의 정지'였지만 '선박(ship)'이라는 문자를 포함하지 않아 그 문헌이 검색되지 않았다. **시소러패싯**(154~155쪽 참조)을 보면, '선박'에 대한 대체어 중에 하위어인 '대형 선박'이 있다. 기존 탐색어를 '낙하산 AND 대형 선박'으로 수정하면 그 문헌을 검색할 것이다. 이와 같은 지원이 없다면, 탐색자는 이 정보시스템에 적합한 정보가 없다고 잘못된 짐작을 하거나, 다른 정보원을 사용하거나, 가능한 대체 탐색어를 떠올리기 위한 추측을 할 것이다.

▌불리언 탐색과 전문 데이터베이스

'낙하산 AND 대형 선박'이라는 탐색은 두 질의어를 연결하기 위해 '연산기호' AND를 사용하고 있다. 'AND'는 3개의 연산기호 중 하나이며, 나머지는 'OR'과 'NOT'이다. 연산기호를 탐색에 사용하는 것은 이제 매우 일반적이며 널리 수용된다. AND, OR, NOT은 불리언 연산기호라고 하며, 이러한 연산기호를 사용하는 유형의 탐색을 불리언 탐색이라고 한다. '베니스 AND 기후'라는 탐색식은 두 색인어를 모두 포함하는 자료를 탐색할 것이다. 그리고 '베니스 AND (기후 OR 날씨)'라는 탐색식은 '베니스'를 포함하며 '기후' 또는 '날씨'를 색인어로 갖는 자료를 탐색할 것이다. '베니스 AND (유리 NOT 크리스탈)'이라는 검색식은 '베니스'와 '유리'로 색인된 자료는 탐색하되, '베니스'와 '크리스탈'로 색인된 자료는 탐색하지 않을 것이다.

오늘날 많은 온라인 정보시스템은 논문, 문서, 도서 등에 대한 초록 또는 전문을 포함한다. 이제는 백과사전 전체와 같은 대형 저작의 텍스트 전체를 단어나 용어 하나로 탐색할 수 있는데, 이를 '전문(full text)' 탐색이라 한다. 전문 탐색의 등장으로 인해 정보 전문가들에게 분류에 대한 지식이 더는 필요하지 않다고 일부 저자들은 주장한다. 예를 들어, 버턴은 조롱하듯이 '인터넷 탐색엔진이 전문검색 기법을 이용해서 전자적으로 생성되고 저장된 대량의 정보를 신속하게 찾을 수 있다. 이러한 탐색엔진은 …… 불리언 연산기호를 이용해 복잡한 탐색전략도 처리할 수 있다'고 주장했다(Burton, 1997). 그의 주장이 간과한 점은 불리언 탐색조차도 분류의 요소를 포함한다는 것이다. 실제 사례를 들기 위해, 이용자가 이 책의 주제인 '분류'에 관해 탐색한다고 가정해보자. 그러면 탐색어와 일치하는 결과는 수천 건, 혹은 수백만 건이 될 것이다. 이것은 브라우징하기엔 너무 많은 수이며, 탐색된 자료의 대부분이 부적합할 것이다. 분류는 '생물학', '질병', '식물' 등 서로 다른 여러 학문 영역과 관련이 있기 때문이다. 그러면 질의자는 특정 주제분야로 탐색범위를 좁혀서 검색된 아이템의 수를 줄이고 적합성을 높이기 위해 '정보검색'과 같은 두 번째 용어를 추가할 것이다.

여기서 어떤 일이 벌어졌는지 살펴보자. 이용자는 '분류 AND 정보검색'으로 불리언 탐색을 했지만, 이 역시 분류의 일종으로 볼 수 있다. 실제로 이용자는 유사한 것은 모으고, 상이한 것은 분리하기 위해 주제의 특성을 식별하고 있는데, 이는 분류의 기본 원칙이기 때문이다.

위의 불리언 탐색은 다음과 같이 다이어그램으로 표현할 수 있다. 어둡게 색칠한 부분이 두 용어를 모두 색인어로 포함한 문헌을 나타낸다.

온라인 탐색에서 불리언을 폭넓게 사용하고 있지만, 모든 사람이 불리언 탐색을 가장 좋은 탐색 방법이라고 확신하는 것은 아니다. 예를 들어 힐드레스는 '불리언 검색시스템에 대한 대부분의 연구와 사용경험은 …… 불리언 탐색식의 구문과 검색 기법이 탐색 성능에 매우 효과적이지 않으며, 최종이용자가 사용하기에 편하거나 효과적으로 탐색할 수 있는 방법은 아니라는 점을 분명하고도 반복적으로 제시하고 있다'고 했다(Hildreth, 1989). 또한 '확고한 탐색자와 평범한 호기심을 가진 사람들 모두 많은 내비게이션과 선구적인 선택지를 제공하는 유연하고, 풍부하며, 맥락정보를 제공하는 주제 탐색과 브라우징 기능을 필요로 한다'고 했다. 그리고 슈나이더만은 '최근까지도, 컴퓨터 과학자들은 웹상에서 정보를 탐색하기 위한 가장 좋은 방법이 키워드 탐색이라고 주장했다. …… 그러나 키워드 탐색이 제공하는 결과는 종종 형편없는 것이기도 하다'고 했다 (Schneiderman, 1997).

위 첫째 인용문 중에서 분류가 반드시 불리언 탐색에 내재하는 관계에서 더욱 중요하고 직접적인 역할을 수행해야 함을 암시하는 한 단어가 있는데, 이는 바로 '맥락'이다. 이용자가 '교회(churches)'라는 용어를 탐색해서 다음과 같은 응답을 얻었다고 가정해보자.

> 탐색어와 일치하는 문헌이 없습니다.
> 더 일반적인 키워드를 사용하여 탐색범위를 확장해보십시오.

이용자가 물리적인 개체로서 교회에 관심이 있었다면, 앞서 설명했던 '스테고사우루스'에 대한 매뉴얼 탐색과 유사한 전략을 사용할 것이다. 이용자는 더 일반적인 상위어인 '건물'이나 '건축학'을 입력할 수도 있다. 분명히 이러한 유형의 탐색은 분류를 활용하는 것이고, 이와 같은 계층관계를 다이어그램으로 표현하면, 다음과 같이 위에서 제시한 불리언 탐색에 해당되는 다이어그램과는 매우 상이한 결과가 나타날 것이다.

이와 같은 계층관계는 불리언 탐색에 적합하지는 않지만, 더욱 명확한 형식의 계층적 분류를 제공한다.

이와 같이 두 종류의 용어 관계에 대한 구분은 국제표준인 ISO 2788-1986에 제시된 구문 (또는 귀납적) 관계와 시소러스 (또는 연역적) 관계의 구분과 같다. 연역적 관계인 시소러스의 관계는, 이 표준에서 기술한 바와 같이 '색인언어에 두 번째 차원을 부가'하며, 용어를 저장하고 조작하거나 용어와 관련된 문헌을 식별하는 데 컴퓨터를 활용하는 시스템을 포함한 모든 시스템에서의 '문헌을 식별하고 검색하기 위한 수단으로서의 효과적인 주제 색인'은 '잘 구축된 색인언어에 좌우된다'(International Standard for Organization, 1986). 분류체계의 활용은 효율적인 주제 접근에 필수적이다.

▌분류표 본표의 활용

지금까지는 자모순 색인어를 이용한 탐색을 다루었다. 그런데 분류표의 본표를 이용하는 것도 가능하다. 분류기호는 용어가 지니는 문제점을 해결할 수 있으며 복합주제를 비교적 간단한 코드값으로 표현할 수 있게 한다. 예를 들어, 듀이십진분류법(DDC)에서 598.2로 찾으면 '새'와 '조류학', '조류'가 나올 것이다. 또한 DDC에서 670.427로 찾으면 '공장 운영의 기계화 및 자동화'를 탐색한 것과 같다. 또한 영국음악분야분류법에서 QPG로 탐색하면 '피아노 독주곡 모음집'을 찾은 것과 같다.

열거형 분류표에 따라 배열된 시스템을 탐색할 때는, 대개 분류기호로 탐색하면 그에 해당하는 완전한 주제가 표시된다. 예를 들어 DDC의 분류기호 629.4753이나 미국국회도서관분류법(LCC)의 분류기호 TL783.5는 둘 다 '우주선의 핵추진 시스템'에 해당한다.

패싯분류표를 사용하여 완전한 주제를 찾을 수도 있는데, 시소러패싯을 예로 들면 다음과 같다.

RKM/SBH

RKM이 '우주선'이고 SBH가 '핵추진력'이면, '문자열' 탐색(즉, 전체 문자열에 포함된 특정 문자열을 이용한 탐색)에서는 특정 요소를 포함하는 모든 분류기호를 찾을 수 있다. 예를 들면 다음과 같다.

RKM

완전한 주제보다 특정 구성요소를 탐색하려는 아이디어는 더욱 확장될 수 있다. 이것이 어떻게 수행되는지 이해하기 위해서 독자는 반드시 전조합색인과 후조합색인의 차이점을 알아야 한다. 예를 들어, **색인작성자**가 완전한 주제에 관한 자모순 주제 엔트리나 분류기호를 작성한다면 다음과 같을 것이다.

우주선: 핵추진력
또는   629.4753
또는   RKM/SBH

이와 같은 경우를 전조합 색인이라고 하는데, 여기서 중요한 점은 개별 개념이나 주제의 구성요소들이 **색인작성자**에 의해 결합되어 완전한 주제를 이룬다는 점이다.

만일 **색인작성자**가 어떤 주제의 구성요소만을 색인한다면 다음 사례와 같을 것이다.

우주선
또는   핵추진력
또는   RKM
또는   SBH

이와 같은 경우를 후조합색인이라고 한다. 해당 주제나 분류기호의 구성요소는 개별적으로 존재하며, **탐색자**에 의해 결합되어야 한다. 불리언 탐색은 후조합색인 방식에 속한다. '우주선'과 '핵추진력'이라는 용어는 탐색자에 의해 결합되고 연결되어 '우주선 AND 핵추진력'과 같이 표현된다. 패싯분류표는 전체 주제보다는 개별개념에 대한 분류기호를 제공하므로, 이러한 분류표도 후조합적으로 사용되어 **탐색자**가 'RKM AND SBH'와 같은 주제를 탐색할 수 있다.

계층적인 열거형 분류표는 반드시 전조합으로만 사용되어야 하지만, 패싯분류표는 전조합과 후조합 방식 모두 사용가능하다는 점에 주목하자. 패싯분류표를 후조합적으로 사용하면 분류표를 구성하는 개념들을 합성된 기호로 만들기 위해 분류기호를 결합시킬 필요가 없다. 따라서 패싯 결합순서와 패싯연결장치도 필요하지 않다(138~139쪽 참조).

탐색자는 구성요소의 수를 늘리거나 줄임으로써 탐색을 확장하거나 축소할 수 있다. 예를 들면, **런던경영학분류법**에서(53~56쪽과 155~156쪽 참조) '폭발물 산업에서 재료 취급을 위한 안전 조치'를 탐색하면 다음과 같다.

CMG	AND	JZRD	AND	KDQ

CMG는 '재료 취급'이고, JZRD는 '안전 조치', KDQ는 '폭발물 산업'에 해당된다.

이 외에도 구성요소의 수를 줄임으로써 탐색을 확장시킬 수 있다. 만일 위의 사례와 같이 3가지 요소를 이용해 탐색을 수행한다면, 다음과 같이 차례대로 하나의 요소가 배제될 수 있다.

CMG	AND	JZRD	'재료 취급을 위한 안전 조치'
CMG	AND	KDQ	'폭발물 산업에서의 재료 취급'
JZRD	AND	KDQ	'폭발물 산업에서의 안전 조치'

또한 각 탐색 요소는 다음과 같이 결합될 수도 있다.

(CMG AND JZRD) 또는   (CMG AND KDQ)   또는   (JZRD AND KDQ)

하나의 요소만 사용해서 탐색 범위를 더욱 확장시킬 수도 있다.

KDQ   '폭발물 산업'

이와 같은 사례들은 패싯분류표를 이용해 후조합 탐색을 할 때, 얻을 수 있는 유연성의 정도를 설명하고 있다.

컴퓨터 시스템에서는 자모순 탐색을 개선하기 위해 단어의 어간으로 탐색할 수 있는 '절단' 장치를 제안했는데, 이것은 분류기호에도 적용할 수 있다. 즉, 'Comput*'로 탐색하면 'Computer', 'Computers', 'Computing', 'Computerization', 'Computerisation'을 모두 찾을 수 있다. 탐색을 확장하기 위해 동일한 장치를 분류기호에 활용할 수도 있다. 이전에 제시했던 사례인 '교회'의 경우, DDC에서는 이 주제가 726.5에 분류될 것이다. 절단 장치를 이용하면 다음과 같이 탐색 범위를 계속해서 확장할 수 있다.

726.5   '교회'(기독교와 관련된 건물)에 해당
726   '종교 건물'에 해당
72   '건축학'에 해당

따라서 분류표가 계층적이고 분류기호가 표현성이 높은 경우, 시소러스 부분에서 설명했던 것과 유사한 방식으로 분명하게 상위로 확대하거나, 축소하거나, 확장해서 탐색할 수 있다.

▮ 연 쇄 절 차

위에서 제시한 유형의 탐색 방식은 랑가나단이 '연쇄'라고 언급했던 방식과 관련이 있다. 이는 특정 주제에 대한 분류 계층구조가 일반적인 것에서부터 특수한 것으로 작용하는 것을 말한다. 이러한 연쇄는 탐색 과정에서 중요한 역할을 수행할 수 있다. 분류기호의 사용뿐 아니라 '연쇄 절차' 방법을 통해 분류기호에서 추출한 자모순 엔트리를 이용할 수 있기 때문이다. 이 방법은 표현성이 좋은 분류기호를 사용하는 계층분류표뿐 아니라 패싯분류표나 표현성이 약한 분류기호를 사용하는 분류표에도 적용할 수 있다. 예를 들어, **국제십진분류법**(UDC)을 사용하면 '해양의 석유 오염에 관한 공중 보건 측면'이라는 주제에 대한 분류기호는 다음과 같다.

614.777(26) : 665.6

위 분류기호는 분명 표현력이 높지 않지만, 다음과 같이 계층적 '연쇄'를 적용할 수 있다.

6	기술과학
61	의학
614	공중보건
614.7	오염
614.777	수질오염
614.777(26)	해양
614.777(26):665.6	기름. 석유

필요한 경우 일반 주제에 맥락을 제공하는 한정어를 표기하면서, 이 연쇄의 가장 아래에 있는 구체적인 '링크'에서부터 시작하여 단계별로 체인을 따라 거

늘어 올라가던 자모순 주제색인 엔트리를 생성할 수 있다.

석유: 해양 오염: 공중 보건	614.777(26):665.6
기름: 해양 오염: 공중 보건	614.777(26):665.6
해양 오염: 공중 보건	614.777(26):665
수질 오염: 공중 보건	614.777(26)
오염: 공중 보건	614.777
공중 보건	614
의학	61
기술과학	6

이 한정 절차는 다음 사례와 같이 분류순 배열에 대한 상관색인을 작성하게 한다(68~69쪽 참조).

석유: 경제 지질학	553.982
석유: 채취	622.323
석유: 해양 오염: 공중 보건	614.777(26):665.6

용어 관련 문제나 '사라진 링크', '거짓 링크'의 문제로 인해, 이 방법은 기계처리만으로는 작성될 수 없으며, 분류표에서 추출된 연쇄에 대한 일부 조정이 적용된 준-기계적인 방식이 필요할 것이다. 이 방식은 어떤 주제에 관한 특정 자모순 엔트리를 생산하지만, 분류표의 본표에 기반을 둔 것이므로 특정 주제가 취급된 맥락도 제시할 수 있다. 동일한 주제를 다루는 복수의 관점에 대한 엔트리를 중점적으로 나타낼 수도 있다.

연쇄 절차는 많은 정보시스템에 적용되었는데, 특히 도서관과 정보서비스 기관에서 도입했다. 그리고 이 방식은 의도적으로 혹은 의도와 상관없이 도서 색인에도 사용할 수 있다.

연쇄의 사용에 대한 가장 성공적인 사례는 아마도 영국국가서지(BNB)일 것이다. BNB는 영국과 아일랜드 공화국에서 발행된 신간 및 출판예정도서를 모두 포함하기 위해 일주일마다 발행되는 목록이다. 저작들은 DDC에 따라 배열되며, 분류순 목록에 표제색인과 주제색인이 제공된다. 연쇄 절차는 1950~1970년 동안 인쇄물 형태의 주제색인을 생산하는 데 사용되었다.

▌ PRECIS 및 COMPASS

영국국가도서관이 국가서지를 컴퓨터 방식으로 생산하기로 결정했을 때, 연쇄는 1971년에 **맥락보존 색인시스템**(PRECIS)으로 대체되었다. PRECIS는 특정 분류표에 의존적이지 않았으나, 그럼에도 불구하고 분류 연구에 그 뿌리를 두고 있으며, 분류 원칙에 따라 구축되었다.

PRECIS는 PREserved Context Index System의 약어로서, 이용자가 자모순 주제색인을 찾을 때 복합주제 구문 중에서 주요어 하나만 선택해도 해당 시점에서 그 용어를 포함하는 주제의 전체 맥락을 짚어줄 수 있도록 하려는 의도를 담고 있다.

항공기	
엔진. 디자인	629.1343532

이와 유사한 엔트리가 '엔진'과 '디자인'에도 작성될 것이다. 더불어, PRECIS는 동의어와 관련어로 링크를 제공하는 참조를 자동으로 생성한다. 그런데 PRECIS의 주된 목적인 인쇄본의 생산이었다. 비용 - 효과 측면의 문제와 양방향 모드 지원을 위해 PRECIS보다 단순한 시스템인 COMPASS가 개발되었으며, 1990년에는 COMPASS가 PRECIS를 대체했다. COMPASS 엔트리는 PRECIS를 단순화한 시스템이지만, 엔트리의 주요 형식을 유지했다.

▌미국 국회 도서관 주 제 명 표

1995년에 영국국가도서관은 미국국회도서관주제명표(LCSH)(162~163쪽 및 184쪽 참조)를 영국국가서지(BNB) 레코드의 주제접근을 위한 제어어휘로 사용하고, 1996년부터는 COMPASS를 더는 사용하지 않았다. BNB의 인쇄판 주제색인 역시 LCSH를 사용하고, BNB 소프트웨어도 다음 사례와 같이 해당 엔트리의 도입어 다음에 해당 용어가 출현하는 문자열을 배열했다.

소수자	
소수자. 교육	370.117
소수자. 미국. 정치적 행위	327.73
소수자. 법적 지위, 법률 등	364.089
소수자. 시민권	305.488

그러나 위와 같은 배열 방식에서는 다음 사례에서 제시한 엔트리와 같이 해당 주제가 다양하게 분산된 관련 개념을 확인하기 위해 주제별 영역을 참조해야 한다.

기업 윤리	
기업 윤리	174.4
기업 윤리	303.34
기업 윤리	657.45
기업 윤리	658.408

PRECIS가 제공하는 상세성은 LCSH가 제공하는 개괄적인 접근방식에 비해 유리한 점이 있다(사례는 Wellisch, 1977 참조). 그러나 예산이나 경영상의 제약, 그리고 당연하고도 확고한 미국 도서관 공동체의 태도로 인해, 현존하는 가장 망라적인 주제명표목의 자리에서 물러나게 되었다.

LCSH는 커터의 규칙(1904)을 반영하는데, 이는 100여 년간 미국 실무의 기반이었다. LCSH는 주제명표목의 자모순 목록과 참조, 세목으로 구성되는데, 2007년의 30판을 기준으로 총 28만 개 항목에 이른다. LCSH를 관리하는 미국국회도서관은 자체적으로 전거 파일을 유지하고 편집하지만, 최근에는 각국 도서관의 주제명표목 제안 기여로 인해 국제 표준의 역할을 하고 있다.[2] 인쇄판은 5권('레드북'으로 알려짐)으로 구성되어 있으며, 온라인 버전은 '**분류웹**(Classification Web)'을 통해 이용가능하다.[3] 미국국회도서관 전거 파일[4]도 온라인으로 이용할 수 있는데, 이를 통해 미국국회도서관 온라인 목록에 포함된 주제명표목과 이외 표목을 탐색하거나 브라우징할 수 있다.

▌ 다 중 탐 색 옵 션

영국국가서지의 배열은 자모순 색인을 포함한 분류순 배열 방식인데 영국 내 대부분의 도서관에서 매우 성공적으로 사용되었다. 이와 같은 시스템은 자모순 색인과 분류순 접근 모두를 충족하도록 설계된다.

다음 페이지의 다이어그램과 같이, 매뉴얼 방식의 전통적인 분류순 목록이 제공하는 기본 특징 중 하나는 특정 주제에 대한 분류기호를 찾기 위해 자모순 주제색인을 훑어본 다음, 적합한 자료를 찾기 위해 분류순 배열의 기호로 이동해야 한다는 것이다. 이것은 특정 주제를 다루는 모든 자료를 찾는 적합한 방법일 뿐 아니라, 주제와 관련된 동의어나 하위어, 상위어를 브라우징할 수 있도록 지원한다.

006.3 인공지능
Franklin, S.
Artificial minds. Bradford Books, 1995

006.31 기계학습
Kearns, M. J.
*Computational complexities
of machine learning*. MIT, 1990.

▶ **006.32 신경망**
Graupe, D.
Principles of artificial neural networks.
2nd ed. World Scientific, 2007.

006.4 패턴인식체계
Theodoridis, S. and Koutroumbas, K.
Pattern recognition. 4th ed. Syngress, 2008

006.686 이미지처리
Parkin, A.
Digital imaging handbook.
Springer, 2008.
Prolog. Springer-Verlag, 1991.

이제 컴퓨터 기반 목록은 일반화되었으며, 이용자는 온라인 열람목록으로 접근할 수 있다. 그러나 초기 단계에서는, 많은 연구자들이 온라인 목록이 많은 장점을 갖고 있음에도 주제접근을 향상시키지는 못했다고 결론 내렸다. 일부 온라인 열람목록은 '표제에 출현한 키워드' 이상을 지원하지 못했다. 표제에 출현한 키워드를 이용한 검색을 위해서는 표제에 출현한 단어가 해당 주제를 명확히 반영해야 했다. 그러나 그렇지 않은 경우가 빈번히 발생했는데, 예를 들어 『처음부터 시작하기(Starting from scratch)』라는 표제는 교수법에 관한 것이다. 이와 같은 표제는 적합한 주제명을 추가함으로써 '강화'해야 한다. 이 외의 주제접근 방식도 시도했으나 크게 효과적이지는 않았다. 결국, 리버풀 시립도서관과 워릭 대학 및 필자가 소속된 리버풀 존 무어 대학을 포함한 다수의 도서관에서는 기존의 분류순 목록 배열이 온라인 목록에서도 효과적인 주제접근방법이라는 것을 알게 되었다. 필자의 관점에서 안타까운 것은, '분류순 목록'의 접근방식이 '현재 도서관에서 거의 잊혔다'는 점이다(Bland and Stoffan, 2008). 이제는 대부분 저자명이나 표제 및 키워드 검색이 일반적이며, 주제명이나 분류기호 및 기타 접근점은 상세검색 화면에서 제공된다. 최근에 각 도서관들이 자관의 온라인 목록을 향상시키기 위해 변화하고 있음에도, 자료에 대한 분류순 리스트를 '위아래'로 브라우징할 수 있는 기능은 거의 제공되지 않는다. 이와 같은 브라우징을 제공하는 도서관 목록은 리버풀 대학도서관뿐이다.5

리버풀 대학도서관은 LCC와 LCSH를 사용하므로, 이 두 도구를 이용한 검색이 모두 가능하다. 분류기호를 검색할 때, 이용자가 알고 있는 분류기호를 모두 입력하면, 시스템에서 해당 기호 주변의 목록을 표시한다. 예를 들어 TH6000으로 검색하면 아래와 같은 목록을 제공할 것이다. 아래 사례는 설명을 위해 간략히 표시한 것이며, 실제 검색결과는 소장위치를 함께 제공하며, 필요한 레코드에 표시를 하거나 저장할 수도 있다.

TH5606.P85		
목공 및 가구 제작: 작업 활동/		
Brian Porter, Reg Rose		2000
TH5608.7.B87		
일본 목공예 천재: 공예의 비밀	1989	
TH5667.B63		
계단 / Alan and Sylvia Blanc		2001

```
TH5667.H11
    계단: 설계 및 시공 / Karl J. Habermann        2003
    당신이 검색한 TH60000은 여기에 위치합니다.
TH6010.G7.E51
    하우징을 위한 조율과 구성요소:
    차원 프레임워크와 구성요소 크기, 부가 요소        1970
TH6010.H17
    필수 건물 서비스 및 장비 / F. Hall        1995
    ......
```

이용자는 표시된 레코드를 브라우징할 수 있으며, '이전/다음' 페이지 메뉴를 이용해 분류순 목록을 위아래로 스크롤할 수 있다.

이 사례는 접근성 향상을 위한 분류순 접근방식을 사용하는 것의 가치를 분명히 제시한다. 미국의 웨스턴 노스캐롤라이나 도서관 네트워크에서도 '분류순 브라우징' 기능을 개발했다.[6] 이 기능도 LCC를 이용한 것이다. 누군가 분류기호의 최상위 화면에서 'U 군사학'을 선택하면 두 번째 수준에서 'UD1 보병대'가 제시되고, 세 번째 수준에서는 'UD 480-485 공수 부대. 낙하산 부대'가 표시된다. UD 480-485에서 가장 많이 사용된 자료의 목록을 표시하면 다음과 같다.

```
1 하늘로부터의 공격 / John Weekes …
2 공수(Airborne): 미국 낙하산 부대의 역사 / Edwin P. Hoyt …
......
```

온라인 목록에서 분류순 접근방식을 제공해야 하는 것은 당연한 것이다. 컴퓨터는 우리에게 이전에는 불가능했던 발견 가능성을 제공하는 놀랍고 유연한 능력을 주었으며, 우리는 이 모든 '부가 가치'를 충분히 활용해야 한다. 그러나 분류 기법을 무시하는 것은 우리가 지닌 가장 강력한 접근 도구 중 하나를 무시하는 것이다.

리버풀 대학의 목록도 LCSH를 이용한다. 예를 들어, '원자로'를 탐색하면 적합한 주제명을 결과로 제시할 것이다. 아래 사례도 설명을 위해 간략화한 것이다. 각 주제명으로 색인된 자료는 더 많은 정보를 포함한다.

원자로
원자로 견제 핸드북 매뉴얼
원자로 냉각
원자로 대표회의
원자로 사고
원자로 제어
......

█ 시소러스를 활용한 온라인 목록의 탐색 지원

시소러스를 온라인 목록 탐색에 사용한 유용한 방식은 아프리카 연구 시소러스[7]를 통해 확인할 수 있다. 이 시소러스는 아프리카 연구 분야를 대상으로 한 1만 2100개의 구조화된 영어 어휘로 구성되어 있으며, 라이덴에 위치한 아프리카 연구소 도서관의 직원이 구축 및 관리를 담당한다(2008). 또한 이 도구는 도서관 장서의 색인과 검색에 사용되며, 목록에 직접 링크되어 있다. 예를 들어, 시소러스에서 '낙농업'을 탐색하면 다음과 같은 엔트리가 제시된다.

낙농업
　　목록 탐색
비대표어
　　낙농 산업

상위어
　식품 산업
하위어
　치즈 산업
연관어
　낙농장
　우유

　만일 '낙농업'이 이용자 요구를 만족시켰다면, 즉시 목록 탐색을 수행할 수 있다. 그러나 다른 용어가 더 적합하다면, 시소러스를 살펴본 다음 탐색을 계속 진행할 수 있다. '우유'가 더 적합하다면 해당 용어를 선택하여 다음과 같은 엔트리를 확인한다.

우유
　목록 탐색
상위어
　음료
연관어
　낙농업

　여기서 목록 탐색을 선택하면 '우유'라는 주제를 다루는 자료 목록이 나타난다. 그중에서 첫 번째 자료를 제시하면 다음과 같다.

지역 시장에서의 정상성 검증(stationary test):
　남아프리카 우유 시장의 적용 사례. William H. Boshoff /
　The South African journal of economics에 수록됨 / 2007

　해당 목록 엔트리를 클릭하면 자료에 대한 상세정보와 초록이 제시된다.

▌분류표 전체를 이용한 탐색

컴퓨터 기반 온라인 목록을 탐색할 때는 대개 다음과 같은 메뉴를 통한 선택
사항이 제공된다.

해당 항목에 검색어를 입력하시오.

저자: _____

    예: Underdahl Brian

표제: _____

    예: 혼자서 배우는 MS 오피스 2000

키워드: _____

    예: 오피스

어떤 자료에 대한 서지레코드가 검색되면, 저자나 표제, 발행처, 발행일자, 총
서명(해당되는 경우), 분류기호와 같은 상세 서지사항이 포함될 것이다. 그러나
해당 서지레코드의 내용이 확장되어 주제명을 포함하고, 해당 주제명이 분류표
의 분류기호 및 분류표의 색인에서 추출한 관련 주제색인 엔트리와 함께 표시된
다면 어떨까? 그러면 온라인 탐색에 분류표 전체를 활용할 수 있게 된다.

예를 들어 DDC를 사용한다면, 어떤 자료에 대한 서지레코드는 다음과 같은
필드를 포함할 수 있다.

분류기호   623.89
듀이 주제명   해상 공학 및 선박조종술(Nautical engineering and seamanship) – 항
            해(Navigation) – 선택 및 결정(Selection and determination of course)
듀이 색인   항해(Navigation) – 기술(Technology) – 선박조종술(Seamanship)
저자   Taylor
표제   The geometrical seaman

그리고 이용자는 다음과 같이 다양한 방식으로 탐색을 수행할 수 있다.

1 분류기호를 이용   예: 623.89
2 자모순 주제명 필드에서 전조합 이구를 이용 예: 해양 긍획
3 자모순 주제명 필드에서 키워드를 이용   예: 항해 또는 선박 조종술

후자의 방식은 '이용자가 입력한 키워드와 일치하는 자료가 있는 경우에 체계적으로 탐색하고, 시스템으로부터 분류의 이점을 살린 안내를 받을 수 있도록' 해준다(Markey, 1986).

항해 – 해양 경기   797.1
항해 – 해상 교통   623.89
항해 – 해상 교통 – 법률   343.096 6
항해 – 우주 비행   623.89
항해 지원   387.155
항해사   629.045092

이와 같은 방식은 이용자가 사용할 수 있는 관련 주제의 식별을 지원한다.

▌결 론

분명히 분류는 탐색에 중요한 역할을 할 수 있으며, 그중 일부 측면은 여기서 설명했다. 온라인 검색시스템과 관련하여, 분류는 상당한 잠재력을 지니며, 스베노니어스는 분류가 8가지 용도를 갖는다고 했다(Svenonius, 1983).

지식을 자연어 택사노미로 표현하는 영역에서는, 분류를 통해 재현율과 정확률을 높이고, 이용자가 탐색어를 입력하는 시간을 줄일 수 있다. 다른 지식 영역에서는

계층구조를 통해 모호한 탐색어의 맥락을 이해할 수 있으며, 정보서비스 담당 사서가 탐색 요건을 조정하는 부분을 컴퓨터로 모방할 수도 있다. 온라인 시스템에서 전통적인 분류를 사용하는 중요한 이점은 의미 있는 브라우징을 위한 구조를 제공한다는 것이다. 분류는 통계 데이터와 같이 서지데이터와 다른 유형의 데이터의 표현과 검색을 위한 틀도 제공한다. 자동 분류는 언어학적 자질의 유사성을 이용하는 등 매뉴얼 방식으로는 불가능했던 방식으로 문헌 집단을 그룹화하는 데 사용될 수 있다. 마지막으로, 분류는 중개 또는 변환 언어 역할을 함으로써 검색 언어 간의 호환성을 제공할 수 있다.

특정 가능성에 대한 충분한 설명이 언급되었지만 변환 언어나 자동 분류 부분은 이 개론서의 범위에는 해당되지 않는다. 그러나 간략한 정보를 제공하는 것은 독자에게 유익할 것이다.

변환 언어의 주 목표는 하나의 색인 언어로 기록된 색인어가 이와 동등한 다른 언어로 '전환'되는 것이다. 이것은 다국어로 탐색이 이루어지는 정보시스템에서 각별한 관심사가 된다. DDC나 UDC과 같은 분류표는 많은 언어로 번역이 되었으며, 분류기호로 숫자라는 '국제적인' 언어를 이용하므로 변환 언어 후보가 될 수 있다. '어떤 언어로 시스템에 입력된 이용자의 탐색어는 DDC나 UDC의 분류기호로 변환될 수 있으며, 이를 통해 여러 개의 언어로 문헌을 검색할 수 있다'(Svenonius, 1983). 여기서 언급한 분류표는 기계가독형으로도 이용할 수 있으므로, 변환 역할에서는 더욱 유용성이 증가하게 되었다. BSO 패싯분류법이라는 일반분류표가 있는데(56~59쪽 참조), 이 분류표는 특히 정보의 교환과 변환을 위해 설계된 것이다. 그리고 BSI 루트 시소러스(158쪽 참조)는 '문자보다는 기호를 통해 관계를 나타냄으로써, 다국어 시소러스를 실현할 수 있다는 것을 보여준다'(Foskett, 2000).

색인 과정에서 사람의 지적 노력을 배제하고, 컴퓨터가 적합한 용어를 선정하도록 한다면, 일종의 자동 색인 방식이 된다. 스파크 존스는 대량의 파일은 더욱 복잡한 도구가 필요하고, 자동 분류가 사람이 수행한 분류에 비하여 효과적이지 않다는 것이 결정적으로 입증되지 않았으므로, 장기적인 관점에서는 정보 시스템과 관련된 모든 것에 관심을 가져야 한다는 믿음이 있다고 했다(Sparck-Jones, 1976). 인터넷은 이와 같은 관점에 활력을 불어넣는 촉매가 되었다(199~200쪽 참조).

결론적으로, 선택된 탐색 방법은 특정 목적에 가장 적합한 것이어야 하며, 이용자를 최대한 지원할 수 있어야 한다. 현재의 온라인 시스템에서 주제 탐색은 보통 문자 키워드나 주제어를 통해 이루어진다. 그러나 이제는 탐색에서 분류의 사용을 확대하면 탐색 기법과 시스템 성능이 향상된다는 의견이 폭넓게 수용되고 있다.

주

1 역사적으로, 영국은 목록에 분류식 접근을 도입한 반면 미국은 100년 이상 커터의 초기 저작의 영향을 받아 저자, 표제, 주제 및 이외 엔트리가 통합되어 자모순으로 배열되는 '사전체' 목록이 대세였다. 사전체목록은 LCSH를 사용하는데, LCSH는 1990년에 나온 13판부터 BT, RT 등과 같은 시소러스의 약어를 도입했다. 이와 같은 LCSH의 개정 방식은 많은 비판을 받았는데, 예를 들면, '사실상 LCSH는 시소러스가 아니며, 그랬던 적도 없었다'(Dykstra, 1988)라는 지적이 있다. 시소러스는 LCSH와 같은 전통적인 방식의 용어 목록과 다르기에, LCSH의 용어는 단독으로는 쓰일 수 없고, 다른 용어와 조합해야만 한다. '남성용 화장품'이나 '화장품 용기', '비디오 게임과 어린이'와 같은 주제명은 실제 시소러스에서는 개별 개념으로 열거되어야 할 것이다. 시소러스는 용어 간의 관계를 더욱 명확하게 정의한다. 다이크스트라는 '북아메리카에서는 절대로 북미를 제외한 세계 각지에서 수행된 분석-합성식 분류에 대한 연구의 중요성을 이해하려고 하지 않을 것이다'라고 주장했다(Dykstra, 1988).

2 http://www.bl.uk/services/bsds/nbs/subject.html.

3　http://classificationwebnet.

4　http://authorities.loc.gov.

5　http://library.liv.ac.uk.

6　bullpup.lib.unca.edu/scripts/lcclass/p2..htm.

7　www.ascleiden.nl/libraryAfrica.

참고문헌

Bland, Robert N. and Stoffan, Mark A. 2008. "Returning Classification to the Catalog." *Information Technology and Libraries*(Sep), pp. 55~60.

Burton, Paul. 1997. "The Decline and Fall of 'Cat. and Class'." *Catalogue a Index*. 124, p. 9.

Cutter, Charles A. 1904. *Rules for a Dictionary Catalog*(4th ed.). GPO, Washington.

Dykstra, Mary. 1988. "LC Subject Headings Disguised as a Thesaurus." *Library Journal*, 113(4), pp. 42~47.

Foskett, A.C. 2000. "The Future of Faceted Classification." in Rita Marcella and Arthur Maltby(eds.). *The Future of Classification*. Gower, Aldershot, Hants; Brookfield, Vt., pp. 69~80.

Hildreth, Charles R. 1989. *The Online Catalogue: Developments and Directions*. Library Association, London, p. 19.

International Organization for Standardization. 1986. *Documentation: Guidelines for the Establishment and Development of Monolingual Thesauri*(2th ed.). The Organization, Geneva(ISO 2788), p. 1.

Library of Congress. 2008. *Subject Headings*(31st ed.). LC, Washington, 5 v. The examples included here have been checked in 2008 against 'Classification Web', available from the Cataloging Distribution Service of LC at http://classificationweb. net.

Markey, Karen. 1986. "Subject-searching Experiences and Needs of Online Catalog Users: Implications for Library Classification." *Library Resources and Technical Services*, 30(1) January-March 1986, pp. 34~51.

RCN Library Nursing Thesaurus: *a Thesaurus of Terms Used in Nursing, Midwifery, Health Visiting and Related Subject Areas*. 2007. 5th ed.. RCN[Royal College of Nursing] Library and Information Services, London.

Svenonius, Elaine. 1983. "Use of Classification in Online Retrieval." *Library Resources an Technical Services*, 27(1), pp. 76~80.

Schneiderman, R. Anders. 1997. "A Non-librarian Explains Why Librarians Rule the 'Net'." *Information Outlook*, 1(4), 34~35.

Sparck-Jones, Karen, 1976, 'Automatic Classification', in Arthur Maltby(ed,), Classification in the 1970s: *a Second Look*. Bingley, London, pp. 209~225.

Wellisch, Hans H.(ed.). 1977. *The PRECIS Index System: Principles, Applications and Prospects*. H.W. Wilson, New York.

14

분 류 와 인 터 넷 [1]

도드는 인터넷 자원에 접근하는 2가지 주요 경향으로 ① 키워드 매칭 방식의 탐색엔진과 ② 주제 중심의 계층적, 분류체계를 제시했다(Dodd, 1996). '월드와이드웹과 같은 인터넷 이용의 폭발적 증가는 흥미로운 현상을 불러왔는데, 인터넷 자원에 주제기반 접근을 제공하려는 준(準)전문가적인 시도의 증가와 계층적 주제가이드가 이에 해당된다.' 또한 소뮈르는 '패싯분류가 웹상의 정보를 조직하는 핵심적인 방법이 되었다'고 지적했다(Saumure, 2008).

▌탐 색 엔 진 에 서 분 류 의 사 용 – 구 글 [2]과 야 후 [3]

인터넷 초기부터 탐색엔진은 특정 유형의 분류가 탐색에 활용될 수 있다는 사실을 인지했다. 물론 이제 **구글**과 **야후**는 단순한 탐색엔진 이상으로 발전했다. 이 두 포털은 다양한 상품을 제공한다. **구글**은 '웹의 거인'이며 '탐색에서부터 전자우편, 동영상, 소셜 네트워킹까지 모든 것을 다룬다'(Beamont and Warman, 2009). 탐색도구로서는 현재 구글이 단연코 가장 유명한데, **구글**이 분류를 사용하는 방식은 어떨까? 언뜻 보기에는 **구글**이 분류를 사용한다는 생각이 들지 않을 것이다. **구글**의 시삭 화년은 난지 탐색어를 분자로 입력할 것을 요구하기 때문이다. 기본적으로 **구글**은 탐색어에 속한 모든 단어를 포함하는 페이지를 제공한다. '플라스틱 병'을 예로 들면, '플라스틱'과 '병'을 포함하는 웹페이지를 제공할 것이다. 이것은 암묵적으로 불리언 'AND' 탐색에 해당한다. 13장에서 예로 들었듯이(164~165쪽 참조), 이와 같은 유형의 탐색에서 탐색대상의 주제 특성이나 맥락이 식별되며, 이 과정은 분명히 분류의 요소를 포함한다. 예를 들어 만일 어떤 사람이 대장장이의 신 '불카누스(Vulcan)'에 관한 정보를 **구글**에서 찾기 위해 그 이름을 입력했다면, 탐색결과 중 부적합한 사이트가 35만 개 이상일 것이다. 벌컨 폭격기나 벌컨 엔지니어링, 벌컨 폭죽, 벌컨라이더협회 등과 같은 사이트일 것이기 때문이다. 그러나 이 탐색을 '불카누스 신화'로 수정한다면, 이제 온전히 '신화'의 맥락에서 '불카누스'와 관련된 탐색이 이루어지므로, 부적합한 사이트는 제거되고 탐색된 모든 사이트는 적합해야 할 것이다. 'OR' 탐색은 **구글**에서 탐색어 사이에 'OR' 연산기호를 입력함으로써 가능하다. 'AND', 'OR', 'NOT' 탐색은 **구글**의 상세검색화면에서도 가능하다.

더욱 직접적으로 말하자면 **구글**은 다음과 같이 웹을 카테고리로 조직한 **구글** 디렉터리[4]에서 분류를 사용한다. ※

예술	홈	지역
영화 음악 텔레비전	소비재 주택소유자 가족	아시아 유럽 북아메리카
비즈니스	아동 및 청소년	과학
산업 금융 직업	컴퓨터 엔터테인먼트 학교	생물학 심리학 물리학
컴퓨터	뉴스	쇼핑
하드웨어 인터넷 소프트웨어	미디어 신문 최신 이벤트	자동차 의류 선물

※ 현재 구글은 http://www.dmoz.org/를 통해 디렉터리 정보를 제공한다(옮긴이 부록 1 참조).

게임	레크레이션	사회
보드게임 롤플레잉 비디오게임	음식 야외활동 여행	이슈 사람 종료
건강	참고정보원	스포츠
대체요법 피트니스 의학	교육 도서관 지도	농구 미식축구 축구

예를 들어, 탐색자는 위의 리스트에서 '참고정보원'을 선택할 수 있다. 이 부분은 수많은 하위 카테고리를 포함하는데, 그중 하나는 '문헌정보학'이다. 이 카테고리를 선택하면 추가 리스트가 표시되는데, 그중에는 '지식관리'도 있다. '지식관리'의 하위에 있는 '지식검색'을 선택할 수 있으며, '지식검색' 하위에는 '분류'가 있다.

이 탐색방식을 살펴보면, 탐색자가 계층구조를 통해 안내받는다는 것을 알 수 있다(들여쓰기는 하위 주제를 나타낸다).

```
문헌정보학
   ↓
지식 관리
   ↓
지식 검색
   ↓
 분류
```

이러한 범주화는 '분류적' 특성이 적합한 주제 영역으로 탐색을 집중시켜주므로 매우 유용하다. 구글 메인 화면에서 '분류'라는 키워드로 탐색을 하면 1억 건 이상의 결과가 나오는데, 많은 페이지가 해당 주제와 관련이 없다.

다른 탐색엔진도 이와 유사한 범주화 기능을 제공한다. 예를 들어 야후5는 웹사이트에서 예술, 엔터테인먼트, 사회 및 문화에서 부터 과학, 교육, 건강에 이르는 다양한 분야의 주제 디렉터리를 제공한다.

어떤 이가 야후에서 비주얼 베이직 프로그래밍 언어에 관한 웹사이트를 찾는다면, 최상위 메뉴에서 '컴퓨터 및 인터넷'을 선택할 수 있다. 구글에서는 하위 주제 리스트의 계층구조를 따라 탐색을 진행할 수 있다.

```
컴퓨터 및 인터넷
    ↓
프로그래밍 및 개발(1171)
        ↓
    언어(968)
        ↓
    비주얼 베이직(46)
```

괄호 안의 숫자는 적합한 사이트의 수를 나타낸다. 예를 들어 비주얼 베이직과 관련된 사이트 중 하나는 VB Web(www.vbweb.co.uk)인데, 해당 프로그래밍 언어와 관련된 자료의 다운로드, 튜토리얼, 소스 코드, 뉴스 등을 제공한다.

도드는 범주화에 관한 이러한 시도들을 '준(準)전문가적'이라고 했는데, 맞는 표현일 것이다(Dodd, 1996). 이와 같은 계층구조들이 주제 브라우징을 지원하지만, 디렉터리 서비스와 같은 '분류'의 속성은 기존의 전통적이고 잘 정립된 분류체계에서 발견될 수 있는 것처럼 체계적으로 나타나지 않는다. 종종 교차분류가 명확히 보이며, 향후 발생할 수 있는 단점으로는 분류기호가 없다는 점이 있다. 이 책의 앞부분에서 지적한 바와 같이, 분류기호는 분류 시스템이 작동하는 데 반드시 필요한 것은 아니지만 부가적인 가치를 제공할 수 있다.

▌전 통 적 인 방 식 의 분 류 표 의 활 용

듀이십진분류법(DDC)이나 미국국회도서관분류법(LCC)과 같은 전통적인 분류체계를 웹 탐색에 이용할 수 있을까? 물론 가능한데, 기존의 분류표를 사용하는 서비스는 대개 비상업적이며, 앞에서 언급한 **구글**이나 **야후**와 같은 탐색엔진보다 더 엄격하게 관리되고, 실험적인 서비스일 수 있다. 웹의 초기에는 **국제십진분류법**(UDC)과 같은 분류표가 많은 주제 게이트웨이에서 사용되었는데, 브로턴(Broughton)은 '이러한 역할이 전반적으로 쇠퇴했다'라고 주장했다. 이와 같은 주장에는 예산 부족, 웹의 성장에 맞추기 어려움, 색인 형식 변화, 주제 게이트웨이와 포털의 협력 및 병합 등 여러 가지 이유가 있을 것이다. 예를 들어, 이 책의 이전 판에서는 네트워크 자원의 디렉터리로 UDC를 적용한 주제 게이트웨이의 사례로 **영국국가정보서비스 및 시스템**(NISS)을 인용했었다. 그러나 NISS는 **고등교육 및 인적자원기회**(HERO)※의 일부분이 되었고, 2003년에 UDC를 이용하여 디렉터리로 분류하는 것을 중단했다.

그러나 기존의 분류체계를 사용하는 여러 서비스가 있다. DDC는 '웨브러리(Webrary)'와 '버블(BUBL)'에 사용되었다. LCC는 '사이버스택(Cyberstacks)'에 사용되었으며, '스카우트 리포트 아카이브(Scout Report Archives)'는 **미국국회도서관주제명표**(LCSH)를 사용한다.

웨브러리6는 미국의 모턴 그로브 공공도서관에서 제공하는 서비스이다. '웨브러리 링크 메뉴'는 가장 유용한 참고정보원과 정보를 제공한다고 여겨지는 웹사이트로의 링크를 제공하는데, DDC 분류기호를 통해 각 사이트를 조직했다. DDC의 10개 주류 중 하나를 선택하면 해당 부류의 하위항목을 제공하는데, 예를 들면 000류의 일부는 다음과 같다.

000-컴퓨터	010-서지	020-문헌정보학	기타

※ 영국 고등교육 시스템(UK higher education system)의 공식 게이트웨이 웹사이트.

020을 선정하여 제공되는 사이트 중에서 처음 제시된 적합한 두 곳은 '미국도서관협회'와 '미국국회도서관 정보시스템'이다.

도서관 및 고등교육분야를 위한 버블7 정보서비스도 DDC을 인터넷 자원 목록의 기본 구조로 사용하고 있다. 이것은 스트래스클라이드 대학의 디지털도서관 연구센터에서 운영하고 있다. '버블'은 원래 '도서관을 위한 전자게시판 (Bulletin Board for Libraries)'의 약어이다. 탐색방법은 '웨브러리'와 유사하다. 홈페이지를 보면 DDC의 10구분이 제시되어 있어 원하는 부류를 선택할 수 있다. 그러면 해당 부류의 하위항목이 제시되어, 추가적인 선택을 하며 탐색을 진행할 수 있다. 예를 들어 누군가 200 종교를 선정하면, 하위에 220 성경, 그 하위에 220.3 백과사전 및 주제별 사전이 있다. 이 분류기호를 가진 자원 중 하나는 1897년에 발간된 『이스턴 성경사전(Easton's Bible dictionary)』의 인터넷 버전인데, 성경에 나타나는 희귀한 용어나 종교 용어를 정의하고 있다.

사이버스택(sm)[8]은 LCC를 이용해 범주화시킨 주요 월드와이드웹 및 기타 인터넷 자원의 컬렉션이다. 웨브러리와 같이 각 자원들은 다음과 같이 상위 분류항목을 이용해 범주화되었다.

G	지리학, 인류학 및 레크리에이션
H	사회과학
J	정치학
. . .	

그다음에 각 자원들은 하위류로 범주화되며, 마지막으로 구체적인 분류 범위와 관련된 주제 영역에 속하게 된다. 예를 들어 'T 기술'을 주류에서 선택하면 그 하위는 'TL 자동차, 항공학, 우주항행학'으로 세분되고, 마지막으로는 구체적인 분류 범위에서 'TL 787-4050 우주항행학'이 제공된다. 이 항목에 분류된 자원에는 '미국항공우주국 우주비행사 전기'가 있다. 각 자원마다 간략한 요약이 제공

되며, 필요한 경우에는 해당 자원을 사용하는 것에 대한 지침도 있다. 현재 사이버스택(sm)은 프로토타입 시범 서비스이며 자연과학 및 기술과학 분야에서 선정된 중요한 인터넷 자원을 범위로 한정하고 있다.

스카우트 리포트 아카이브9는 위스콘신 대학의 컴퓨터공학과에 속해 있는데, 약 9년간의 스카우트 리포트 데이터베이스에 대한 탐색과 브라우징이 가능하다. 키워드 탐색이 가능하며 표제, 저자, 발행처, LCSH와 같은 필드에 대해 상세검색이 가능하다. 예를 들어 만일 자모순 LCSH 브라우징 메뉴에서 'D'를 선택하면, 해당 문자로 시작하는 주제명 목록이 제시된다. 이 중에는 '공룡(67)'이 있다. 이것은 '공룡'으로 시작하는 주제명에 67개의 자원이 있다는 것을 의미한다. 이 엔트리를 선택하면 '공룡' 주제명을 가진 자원목록인 '정보자원(19)' 메뉴와 '서지(4)', '데이터베이스(1)' 및 '교수 및 학습(15)'과 같은 하위 주제명인 '분류' 메뉴가 나오며, 이 외의 관련 자원도 제시된다. 하위 주제명 중 하나로 '심혈관계(2)'가 있는데, 예를 들어 이 항목을 클릭하면 '윌로: 마음을 가진 공룡(Willo: the dinosaur with a heart)'이라는 사이트가 있고, 이것은 화석화된 공룡 심장의 발견을 가리킨다. 이 책을 집필하는 시점에는, **스카우트 리포트 아카이브**가 엄선된 인터넷 사이트에 대한 2만 5000개 이상의 비평적 주석을 포함하고 있었다.※

어떤 주제 영역에서는 모든 분야를 다루는 일반분류표보다 특수분류표나 주제명표를 사용하는 것이 더 적합하다. 이러한 예로 온라인 시소러스인 **인튜트: 사회과학 분야**(Intute: Social Sciences)10가 있다. 이것은 사회과학 분야의 교육과 연구를 위해 가장 적합한 웹 자원에 대한 상세정보를 제공하기 위한 서비스이다. 이 시소러스 엔진은 계층관계를 통해 처음 입력한 특정 탐색어에 대한 대체 용어를 제시한다. 예를 들어 '범죄'를 탐색하면 다음과 같은 용어들이 제시될 것이다.

※ 스카우트 리포트 아카이브의 현재 검색화면은 옮긴이 부록 2를 참조.

음주관련 위법행위[0]
교통 위반[4]
범법 행위[78]
정치 범죄[2]
성 범죄[19]

여기서 탐색자는 특정 용어로 색인된 자료를 살펴보거나 시소러스를 계속 탐색할 수 있다. 괄호 안의 숫자는 탐색된 자료의 수를 나타낸다. 예를 들어 '성 범죄'를 클릭하면 다음과 같은 결과가 제시된다.

성 범죄[16]

상위어	하위어	연관어
범죄[65]	외설물[15]	매춘[38]
	성폭행[44]	성적 행위[21]
	성희롱[29]	성별[730]
	아동 성 범죄[30]	행동 장애[5]

탐색자는 다시 해당 주제명으로 색인된 자료를 살펴보거나 시소러스를 계속 브라우징할 수 있다. 여기서 만일 '행동 장애'가 필요한 용어라고 결정하고 이 항목을 선택하면 5개의 자료를 확인할 수 있다. 예를 들면 여기에는 '행동치료협회' 웹사이트에 대한 상세정보가 포함된다.

웹브러리, 버블, 스카우트 리포트 아카이브와 같은 서비스가 키워드 탐색과 같은 다른 기능들도 제공한다는 것을 밝혀둔다. 그러나 위에서 언급한 바와 같이 이러한 서비스들은 상업 탐색 엔진에 비해 범위가 한정적이다. 이와 같은 서비스는 탐색 엔진이라기보다는 탐색 디렉터리나 목록으로 간주하는 것이 더 적합하다. 후자인 탐색 엔진은 특정 검색 기준에 맞는 웹페이지를 가능한 많이 찾고자 한다. 전자는 선택된 사이트를 대상으로 하며, 특정 디렉터리의 데이터베이스나 범주화된 사이트를 대상으로 한정하므로, 이와 같은 유형의 디렉터리는 계층구조와 상호참조 구조를 더 빈번히 사용한다. 검색 범위에서는 **인튜트**에서 '매춘'에 대한 검색결과가 38개라는 사실을 통해 그 차이점을 알 수 있다. 구글의 사회과학 서비스에서는 1600만 건이 넘는 페이지를 제공한다!

▌온 라 인 열 람 목 록

앞 장에서 설명한 바와 같이, 현재 대부분의 도서관은 온라인 열람목록을 제공하고 있다. 이 목록 중 대부분은 인터넷을 통해 이용할 수 있다. 리버풀 대학의 목록11(177~178쪽 참조)과 라이덴에 위치한 아프리카연구소 도서관의 목록12(179~180쪽 참조)이 그 2가지 사례이다. 따라서 집에 앉아서 자신의 컴퓨터로 대량의 자료를 탐색하고 필요한 문헌의 이용가능 여부를 확인할 수 있다. 대부분 이와 같은 탐색 과정에서 분류는 핵심적인 역할을 한다. 일부 기관은 내부 시스템의 1가지 버전만을 제공하지만, 다른 기관들은 더욱 혁신적인 서비스를 제공한다. 예를 들어 런던 대학교 경영대학원에서는 '개념공간(Concept space)'13을 제공하는데, 이것은 방대한 정보자원과 연계된 비즈니스 관련 개념에 대한 시각적인 탐색도구이다. 이것은 **런던경영학분류법**(53~56쪽, 155~156쪽, 169~170쪽 참조)를 바탕으로 한 '그래픽 사용자 인터페이스' 시스템이다. 이것은 '그래픽' 뷰 또는 '텍스트' 뷰를 사용하여 시스템을 항해할 수 있도록 한다. 2가지 뷰 모두에 색상을 넣었는데, 예를 들면 빨강＝도입어, 초록＝상위어, 파랑＝하위어, 보라＝연관어와 같다.

각 뷰에서 적합한 용어를 발견하면, 이용자는 '연관 사이트 탐색' 링크를 클릭해서, 도서나 기사, 학술 정보, 관련 기업 등을 찾을 수 있는 정보를 획득한다.

다른 기관인 노스캐롤라이나 주립대학은 '엔데카(Endeca)'에서 설계한 '내비

게이션 지원기능(Guided navigation)' 시스템을 사용하는데, 이는 패싯분류를 이용해서 '도서관 자료를 탐색하는' 것이다.[14]

엔데카에서는 자사의 시스템이 도서관의 패싯분류와 '닮았을 뿐'이라고 말한다.[15] '패싯'은 '주제', 저자, 장르, 언어, 포맷, 자료 유형, 이용가능성을 포함한다. '주제' 패싯은 탐색을 더욱 적합한 주제로 축소할 수 있도록 하지만 '패싯화된' LCSH를 사용하는 것은 아니다. 예를 들어 '장미(Roses)'에 대해 탐색된 주제는 '아프리카계 미국인', '건축', '보상', '가톨릭교회', '어린이', '동시' 등이 있다.

그럼에도 이것은 '기존의 서지레코드를 바탕으로 신속하고 유연한 온라인 탐색 엔진'을 제공하는 매우 복잡한 시스템이라고 한다.

▌전 자 문 서 의 분 류

매클레넌은 인터넷 자원이 적절하게 분류된다면, DDC나 LCC가 적합한 자료에의 접근을 제공할 수 있다고 생각했다(MacLennan, 2000). 우리는 이러한 분류표가 디렉터리나 목록에 어떻게 사용될 수 있는지 알아보았다. 그러나 인터넷상의 모든 전자문서를 전통적으로 도서관에서 자료를 분류하는 방식과 동일하게 분류할 수 있을까? 그렇다면 탐색엔진이 자료에 부여한 특정 분류기호를 탐색 기준으로 사용할 수 있을까? 이를 위해서는 적절한 분류 정보가 자료 자체에 포함되어 있어야 한다. 이러한 목적에 사용될 수 있는 메타데이터(데이터에 대한 데이터) 표준이 더블린 코어(DC)이다.

▌더 블 린 코 어

더블린 코어 메타데이터 요소 집합(DCME)은 웹문서 내에 태그 형식의 기술과 식별 정보를 포함시키기 위한 체계이다. 이것은 온라인상에 저장된 문서를 사람이 이해할 수 있고 찾기 쉽도록 기술하기 위해 단순하고 표준화된 요소 집합을 제공한다. 기본적인 DC 메타데이터는 15개의 '속성'을 갖고 있는데, 이것은 전자문서를 기술하는 데 필요한 표준 데이터 집합으로 구성되어 있다. '더블린'이라는 이름은 이것이 1995년에 오하이오 주의 더블린에서 개최된 워크숍에서 출발했기 때문이다. 이것은 더블린 코어 메타데이터 이니셔티브(DCMI)가 관리하고 있다. '코어'라는 용어는 더블린 코어의 요소들이 광범위하고 일반적이며 다양한 범위의 자원을 기술하는 데 사용될 수 있기 때문에 붙여진 것이다. 이 요소들에는 '생산자', '표제', '날짜', '포맷' 등이 있다. 15개의 요소 중에는 '주제'가 있는데, 보통 이 요소는 키워드나 핵심 어구, 분류기호 등을 나타내는 데 사용된다. 여기서 관심이 가는 것은 분류기호로서, DDC나 LCC와 같은 분류표의 분류기호를 문서에 추가함으로써 분류기호 탐색으로 문서를 검색할 수 있게 된다. 이것은 이론적으로는 가능하지만, 인터넷에는 수많은 전자문서들이 있어서 실제로 분류기호를 부여하기가 어렵다는 문제가 있다.

더블린 코어와 관련해서, 독자들은 다양한 용어와 약어를 떠올릴 것이다. 예를 들어 더블린 코어의 구현은 보통 XML과 자원기술구조(RDF)를 사용한다. XML은 컴퓨터 기반 문서에 대한 명세로서, 어떤 데이터가 표시되는지보다는 어떻게 데이터를 표시하는지를 설명하는 구문을 제공한다. RDF는 데이터 표시에 사용되는데, 웹 자원을 기술하기 위한 표준화된 모형을 제공한다. 추가 정보는 시맨틱 웹 부분의 XML과 RDF 관련 항목에서 제공했다(206~208쪽 참조).

▌탐색보조로서의 분류표

문서에 분류기호를 포함시키는 것이 어렵더라도, DDC나 LCC를 탐색보조로 사용할 수 있는 가능성은 있다. 기계가독형식의 DDC나 LCC를 이용할 수 있으며, 이러한 분류표 전체를 적용하는 것이 너무 상세하다면 각 분류표의 상위 항목만을 사용할 수도 있다.

웹에서도 분류표를 이용할 수 있는데, 이러한 것들로는 OCLC에서 제공하는 '웹듀이(WebDewey)',**16** 영국표준협회에서 제공하는 'UDC 온라인(UDConline)',**17** 미국국회도서관의 목록서비스과(LC CDS)에서 제공하는 '**분류웹**(Classification Web)'**18**이 있으며, **분류웹**에서는 LCC와 LCSH에 대한 접근을 제공한다. ACM **컴퓨팅분류법19**과 같은 주제별 분류표(76~78쪽 참조)도 웹을 통해 이용할 수 있다.

독자들도 아는 바와 같이, DDC와 LCC는 모두 열거형 분류표이다. 현대 이론에 근거한 분류표인 BSO **패싯분류법**(56~59쪽 참조)은 탐색보조로 사용하기에 적합한 패싯분류표이다. 다음 설명은 이 분류표가 어떻게 사용될 수 있는지를 보여주는 것이다.

키워드 탐색과 하이퍼링크 탐색 방식에 지쳐 더 나은 탐색 방식을 필요로 하는 인터넷 탐색자들을 위해서, **BSO 패싯분류법(BSO)**은 포괄적이고 체계적인 탐색 전략을 짤 수 있도록 주제 기반의 참조 프레임을 제공한다. 이것은 특히 한 단어보다는 단어 구를 통해서 명명될 수 있는 주제를 탐색하는 데 필요한 명확한 의사결정에 유용하다.
여러분의 탐색 질문이 건초 더미에 바로 들어가서 즉시 바늘이라고 여겨지는 것을 검색했다면, 여러분은 **BSO**가 필요 없을 것이다. 다른 경우에는 대량의 정보 저장소나 정보 네트워크에서의 탐색이 건초 더미에서 직접 바늘을 찾는 문제가 될 것이다. 여러분은 아무 결과를 얻지 못하거나 제공받은 것이 여러분이 찾고 있던 것과 전혀 다른 것일 수 있다. 이런 경우에 **BSO**는 다른 탐색 방식을 제안할 수 있다. 이와 유사하게, 만일 여러분이 탐색을 시작할 적합한 주제어를 분명히 알고 있지 않다면, **BSO**의 색인이나 체계적인 본표를 훑어보는 것으로 당신이 갈 길을 정하는 데 도움을 받을 수 있다.[20]

BSO 패싯분류법도 온라인으로 이용할 수 있다.[21]

▌ 자 동 분 류

위에서 지적한 바와 같이, 분류자가 자리에 앉아서 도서관이나 정보서비스 기관에서와 동일한 방식으로 인터넷상의 모든 전자문서를 분류하기는 어렵다. 그러나 사람의 지적 노력을 제거하고 컴퓨터가 **자동으로** 문서에 적합한 주제범주를 할당하는 것이 가능할까? 전자문서에서 자동으로 획득한 데이터를 분류 과정에 활용할 수 있을까? 어떤 문서의 특성을 자동으로 식별해서 그 문서를 특정 범주나 클래스에 할당하는 것이 가능할까? 비록 현재로서는 '실생활'에 적용된 사례가 실제로 보이지는 않지만, 자동 분류 연구가 상당 기간 동안 이루어져 왔다. 자동 분류 연구는 인터넷 자원에 대한 접근성을 개선할 필요성이 높아짐에 따라 중요성이 커질 것으로 예상된다. 인터넷 사용자들은 종종 적합한 정보만을 걸러내지 않고 지나치게 많은 검색결과를 제공받고서 화를 내거나 좌절할 수 있다.

많은 프로젝트에서 자동 분류가 위와 같은 상황을 개선하는 데 사용될 수 있는지를 검토하고자 했다. 다양한 알고리즘과 샘플링 기법이 자동 분류가 실질적인 방안인지를 알아내려는 조사에 이용되었다.

한 가지 방법을 예로 들면, 복수의 문서에 동시에 출현한 용어를 통계적으로 분석하는 방법이 있다. '빈번히 출현하는 키워드와 개념을 공유하는 문서들은 보통 동일한 질의어에 적합하다. 이러한 문서들을 클러스터로 구성하면 해당 문서들을 더 쉽게 검색할 수 있고, 부적합한 정보가 검색되지 않게 지원할 수 있다'(Jenkins, 2001).

인용문헌(citations)을 통계적으로 비교할 수도 있다. 유사한 일련의 참고문헌을 인용한 문헌이나 유사한 일련의 문헌에 의해 인용된 문헌들은 분명히 주제적으로 관련되어 있다.

미국 OCLC 연구소에서는 도서관의 표준분류표가 웹 자원이나 기타 디지털화된 전자문서를 자동으로 분류하는 데 적용될 수 있는지에 관한 연구를 수행했다.[22] OCLC는 또한 소스 문헌에서 직접 획득된 색인이나 토픽맵(208쪽도 참조)의 역할도 분석했다. OCLC의 스콜피온 프로젝트[23]는 웹을 통해 접근할 수 있는 텍스트 문서를 자동으로 분류하기 위한 시스템을 구현하는 소프트웨어를 제공한다. 스콜피온 프로젝트는 LCC와 같은 기계가독형 주제분류표나 시소러스를 사용하고 이것을 자동 분류 시스템에 통합하고자 하는 조사자들을 위한 것이다. 또한 OCLC의 RDF 토픽맵 프로젝트[24]도 있는데, 이것은 반자동으로 생성된 탐색도구를 적용하고 있는 웹사이트의 주제 내비게이션을 지원하기 위한 것이다.

퐁과 그의 공동연구자들은 2가지의 잘 알려진 기계학습 알고리즘인 k-최근접 이웃 알고리즘과 나이브 베이즈 알고리즘을 이용한 자동 문헌 분류 방식과 LCC를 이용한 자동 문헌 분류 방식에 대한 비교 연구를 수행했다(Pong et al., 2008).

자동 분류 영역에 대해 위에서 소개한 프로젝트와 다른 연구 프로젝트를 상세히 설명하는 것은 개론서의 성격을 띤 이 책의 범위에서 벗어난 것이기는 하나, 자동 분류가 인터넷에 접근하도록 돕는 역할을 수행할 수 있다는 것에는 의심의 여지가 없는 것 같다. 그럼에도 2008년에 개최된 국제지식조직협회(ISKO) UK 회의에서 3명의 영국방송공사(BBC)의 정보전문가들이 자동 분류의 구현에 관한 연이은 발표를 했는데, 그중 1명의 결론은 '여전히 사람이 필요합니다!'였다. 사람이 하는 방식이든 기계가 하는 방식이든 단일 분류 기법만으로는 좋은 성능을 내기 어렵다는 관점도 있다. 어쩌면 상이한 접근 방식들을 모두 적용한 뒤 그 결과를 통합하여 이용자가 최적의 만족스러운 결과를 얻을 수 있도록 해야 할 것이다(Blumberg and Atre, 2003).

▌전 자 상 거 래

인터넷이나 이 외 컴퓨터 네트워크를 통해 제품이나 서비스를 사고파는 것을 '전자상거래'라고 한다. 우리는 이미 분류가 이 활동에서 중요한 부분을 수행한다는 것을 확인했다. 6장에서는 분류가 도서 거래에 이용되는 것을 알았고, 9장에서는 NATO에서 사용하는 체계를 보았다.

▌계 층 분 류 표

1장에서 우리는 분류가 슈퍼마켓에서 쇼핑객이 제품을 고르는 것을 돕기 위해 어떻게 사용되어야 하는지 보았다. 인터넷 쇼핑객에게 분류는 그 정도로 필수적이지 않을 수 있다. 그러나 몇몇 형식의 범주화는 매우 유용하다.

▌이 베 이 [25]

현재 가장 널리 사용되는 전자상거래 웹사이트는 이베이(Ebay)이다. 여기서는 키워드 탐색이나 범주를 통해서 탐색을 할 수 있다. 예를 들어, 만일 누군가 '골동품 도자기함'에 관심이 있다면, 직접 이 용어로 탐색을 하여 각 범주에서 해당되는 아이템을 찾을 수 있다. 아니면, 다음과 같이 이베이 홈페이지에 열거되어 있는 많은 범주 중 적합한 것을 선택할 수도 있다.

> 골동품
> 미술
> 아기
> 도서

등

'골동품'을 선택하면 여러 개의 하위 범주가 나타나는데, 그중 하나는 다음과 같다.

장식 예술

'장식 예술' 범주 내의 하위 범주는 다음과 같다.

도자기, 자기
시계
유리잔
전등
기타

'도자기, 자기' 범주에는 다음과 같은 하위 범주가 있다.

그릇(638)
함(176)
크림 그릇, 설탕 그릇(565)
컵, 받침(1933)
기타

괄호 안의 숫자는 제품이 입고되거나 판매되면 변경되는데, 이는 해당 범주에 속하는 제품의 수를 나타낸다. '함'을 클릭하면 탐색자는 다량의 함을 브라우징할 수 있다. 따라서 탐색자는 다음과 같은 계층구조를 통해 안내를 받은 것이다.

많은 소매 웹사이트에서 위와 유사한 도구를 제공하고 있다. 예를 들어 누군가 컴퓨터 조작에 관심이 있다면, 특정 소매 웹사이트의 중개인은 다음과 같은 다양한 범주를 나열해둘 수 있다.

모든 계층적 방법과 마찬가지로 특정 범주를 선택하면 하위 범주를 통해 추가적인 선택을 할 수 있다.

▌UN 제품·서비스 표준 코드

오늘날 '확장되는 사업은 인터넷 사업'으로서 '제품과 서비스에 대한 빠르고, 간단하며, 정확한 분류가 반드시 필요하다'(UNSPSC, 2009). 이와 같은 목적을 이루기 위해서 UN 개발계획과 던 앤 브래드스트리트사에서는 합동으로 UN 제품·

서비스표준코드(UNSPSC)를 개발했는데, 이것은 모든 유형의 제품과 서비스를 분류하는데 사용될 수 있다. UNSPSC는 '기업차원에서 지출 분석의 투명성을 달성하고, 비용 효과적인 요구를 전달하기 위한 조달을 가능케 하며, 전자상거래의 가능성을 충분히 이용할 수 있도록 하는 현재 이용 가능한 가장 효과적이고, 정확하며, 유연한 분류체계'로 일컬어진다(UNSPSC, 2009). 마이크로소프트는 UNSPSC를 자사의 표준 제품 분류체계로 선정했다(Turner, 200?).

UNSPSC는 5단계로 이루어진 계층분류표이다. 상위 4개의 수준은 8개의 숫자로 구성되는데, 세그먼트, 패밀리, 클래스, 제품이 그것이다. 코드 44103103에 대한 계층구조를 예로 들면 다음과 같다.

세그먼트	44	사무실 장비 및 부대용품, 소모품
패밀리	10	사무기기 및 관련 소모품과 부대용품
클래스	31	프린터 및 팩시밀리, 복사기 관련 소모품
제품	03	토너

'영업 기능'에 대한 2자리 코드도 있는데, 예를 들어 14='소매'가 된다.

UNSPSC의 개발과 관리는 전자상거래 코드관리협회(ECCMA)[26]가 담당한다. 이 분류표와 118~120쪽 및 122쪽에서 설명했던 NATO 코드체계 간의 연계 정보도 작성되었다(Pergolesi, 2006).

▌패 싯 분 류 표

애드키슨은 '단일 계층구조와 달리, 패싯분류는 이용자에게 다차원적으로 자료를 찾을 수 있는 능력을 부여한다'고 했다(Adkisson, 2003). 애드키슨은 그녀가 조사한 사이트 중 69%가 패싯분류를 일정 부분 사용했다고 주장했다. 그녀는 보석류의 판매 사이트를 예로 들었다. 몇몇 사람들은 보석류를 종류별(귀걸이,

목걸이 등)로 브라우징하는 데 관심이 있을 것이고, 어떤 사람들은 재료에 관심이 있을 것이며, 다른 사람들은 특정 행사별로 찾기를 원할 수 있다.

아래 사례는 보석상인 존스(Ernest Jones)[27]의 홈페이지 일부이다.

범주

뱅글 팔찌	팔찌
장식물	귀걸이
반지	기타

재료

금	백금
은	화이트골드
기타	

이용대상

아기	신부
기타	

가격

50~149 £	150~499 £
500~999 £	
기타	

보석 유형

큐빅 지르코니아	다이아몬드
진주	루비
기타	

브랜드

돌체 앤 가바나	엠포리오 아르마니
기타	

행사

기념일	생일
기타	

이용자는 위 범주 중 어느 것으로도 탐색이 가능하다. 만일 '행사' 패싯에서 '기념일'을 선택한다면, 귀걸이와 뱅글 팔찌, 목걸이 로켓(lockets), 팔찌 등을 포

함하는 보석류 중 적합한 것이 표시될 것이다. 필요하다면, 다른 범주에서도 선택을 할 수 있다. 어떤 이는 '팔찌'만을 선택하거나, 두 번째 수준에서 등장하는 '스타일' 범주에서 '하트'를 선택할 수 있다 잠재적 구매자는 어떤 범주에서든 자신의 탐색을 시작할 수 있으며, 그다음에 추가 범주를 통해 검색결과를 정련할 수 있다.

예를 들어, 만일 누군가 '50~149£ 사이 가격의 금 귀걸이'를 찾는다면, 그는 '가격' 범주의 '£50~£149'에서 탐색을 시작해서, '범주' 패싯의 '귀걸이'와 '재료' 패싯의 '금'으로 탐색을 진행할 수 있다. 또 다른 방법으로 탐색 절차를 '귀걸이', '금', '가격' 순 또는 '금', '귀걸이', '가격' 순서로 진행될 수 있다. 6개의 상이한 접근방식 중 어떤 것을 사용해도 된다.

이 방법론은 하나의 범주에서 어떤 구분지나 값을 선택한 다음 다른 범주에서 구분지를 선택하여 탐색을 정련한다는 점에서 '패싯' 분류라고 볼 수 있다. 이것은 충분한 자격을 갖춘 패싯분류표는 아니지만 이용자에게 매우 유연한 쇼핑경험을 제공한다. 이것은 후조합색인(168~169쪽 참조)과 공통점이 있는데, 찾고자 하는 자료를 구성하는 자질들이 '색인작성자'가 아닌 '탐색자'에 의해 조합된다는 점이다.

▌ 시 맨 틱 웹

인터넷을 활용하는 방식이 다양해지면서 인터넷이 발전하는 방식에 대한 재평가도 이루어지게 되었다.

월드와이드웹의 본래 개념(original concept)은 버너스 리(Berners-Lee)에 의해 고안되었다. 만일 버너스 리가 그의 초기 웹 소프트웨어를 무료로 이용할 수 있도록 하지 않았다면, 현재의 웹은 존재하지 않았을 것이다.

하이퍼텍스트 마크업 언어(HTML)는 웹 페이지를 작성하기 위한 주된 언어가 되었다. 의심할 여지 없이 독자들은 'HTM'(파일 확장자가 3자리 문자로 제한되었던 시절)이나 'HTML' 확장자를 가진 파일들을 본적이 있을 것이다. HTML은 문서에서 텍스트 기반 정보에 대한 구조를 부여하는 수단으로, 그 특징과 링크를 표시한다. '마크업'은 기술요소나 '태그'를 통해 이루어지는데, 이것은 인터넷 브라우저에 해당 페이지를 어떻게 표시할지를 지시한다. 태그는 2개의 홑꺾쇠표 사이에 들어가는 단어나 문자이다. 예를 들어 〈html〉은 html 문서의 시작을 나타내고, 〈/html〉은 그 끝을 나타낸다. 〈b〉분류〈/b〉는 '분류'라는 단어를 굵은 글씨로 인쇄하라는 코드나 지시가 된다.

웹이 출현한 지 10년이 지난 1999년에 버너스 리는 '시맨틱 웹'이라는 새로운 개념을 제시했는데, 이는 컴퓨터가 웹상의 모든 데이터와 콘텐츠, 링크, 그리고 사람과 컴퓨터 간의 처리 내역들을 분석할 수 있게 된다는 내용이었다. 시맨틱 웹의 한 가지 중요한 요건은 데이터와 지식을 표현하기 위한 언어의 이용가능성이다.

시맨틱 웹이 실현되기 위해서는 HTML보다 더 개선된 방식이 필요했기 때문에, 다른 마크업 언어들이 개발되었다. 이 중 하나가 XML로서 HTML과 매우 유사해 보이나, 이용자가 직접 기술요소를 정의할 수 있고, 주된 목적이 상이한 정보시스템이 구조화된 데이터를 공유하도록 허용하기 위한 점이라는 점에서 '확장 가능하다'. XML로 기록된 분류기호는 〈classification〉TH6010〈/classification〉과 같이 나타낼 수 있다. HTML의 수정 버전인 XHTML도 있는데, XML 구문을 따른다.

XML이 데이터를 부호화하기 위한 구문을 제공한다면, 버너스 리가 이끄는 월드와이드웹 컨소시엄(W3C)의 또 다른 명세서인 RDF는 다양한 구문 형식을 아우르는 정보를 모형화하는 데 사용될 수 있다. 간단히 비교해서 XML이 데이터를 부호화하기 위한 방법이라고 말할 수 있다면, RDF는 부호화한 데이터에 대한 해석을 제공하는 수단이라고 할 수 있다.

위에서 언급한 바와 같이 XML은 이용자가 고유한 마크업을 생성할 수 있도록 허용하지만, 그 의미를 설명하지는 않는다. 의미를 부가하는 방법 중 하나는 용어집이나 사전, 시소러스와 같은 용어 정보원에 링크를 하는 것이다. XML이 트리구조 기반이고, 계층적 컬렉션(시소러스 등)을 지원하기 때문이다. 비계층적 관계에 대해서는 부가적인 구조가 추가되어야 할 것이다. 더불어, 다양한 정보원의 링크를 제공해주는 '우산'으로서 '통합용어집(hyperglossaries)'을 개발할 수도 있다.

또 다른 시맨틱웹 도구는 '토픽맵'으로서, 얼마나 효율적으로 정보를 발견할 수 있는가에 중점을 두어 데이터를 표현하고 교환하기 위한 표준이다. 토픽맵은 정보 개념, 국가, 조직, 소프트웨어 등을 표현하며, 각 토픽과 관련 정보원 간의 관계도 제공한다. 토픽맵 데이터 모형은 ISO/IEC 13250:2007에 수록되어 있다. 이 표준에서는 토픽맵의 교환을 위한 XML 마크업 언어 어휘를 정의한다.

디지털 정보검색에서 이와 같은 최근 경향에 대한 상세한 연구는 이 개론서의 범위를 벗어나는 것이다. 그러나 분류를 학습하는 학생들은 반드시 그 존재를 알고 있어야 미래의 혁신에 크게 놀라지 않을 것이다.

버너스 리는 현재 W3C의 대표이며, W3C의 활동에 대한 상당한 양의 정보는 W3C 웹사이트에서 제공된다.[28]

▌웹 2.0

웹 2.0이라는 용어는 2004년부터 '웹의 독창성, 의사소통, 정보 공유의 보장, 협업, 기능성을 향상시키기 위해 월드와이드웹 기술과 웹디자인이 변화하는 경향을 설명하기 위해' 사용되어왔다(Web 2.0, 2009). 웹 2.0은 '누구나 더욱 쉽게 온라인으로 출판하고, 블로그나 위키, 소셜 네트워킹 사이트를 이용할 수 있도록 한다'(Harrison and Place, 2009).

'아직은 웹 2.0이 무엇을 의미하는지에 대한 의견은 상당히 일치하지 않는데, 몇몇 사람들은 웹 2.0을 의미 없는 마케팅 유행어라고 매도하는 반면, 어떤 이들은 새로운 사회적 통념으로 받아들인다'(O'Reilly, 2008). 버너스 리는 '웹 2.0의 기술적인 요소들의 대부분이 웹의 초기단계에서부터 존재했기 때문에 이 용어가 의미 있는 방식으로 사용될 것인지에 의문이 든다'고 했다(Web 2.0, 2009).

웹 2.0이 이 책의 주제와 어떤 관련이 있는가? 일부는 아마도 관련이 있을 것이라고 주장할 것이다. 예를 들어, 베일리(S.Baily)는 IT의 발전이 전통적인 레코드 관리 방식을 비실용적으로 만들어버린 새로운 정보 환경을 조성했다고 제안했다(Poulter, 2008). 그러나 필자는 폴터가 '웹 2.0이나 그 어떤 것을 통해서든 정보를 관리하는 데 쉬운 방법은 없다'(Poulter, 2008)고 말한 부분에 동의한다.

▎결 론

뉴턴은 우리에게 탐색엔진의 결함이 수많은 저자들에 의해 지적되어왔다고 말한다(Newton, 2000). 현재의 엔진은 인터넷과 같이 확장된 자원에 대해 적절한 접근을 제공하는 도구로서 충분히 효과적이지 않다는 것으로 여겨진다. '이용자가 감당하지 못할 정도로 부적합한 결과를 제공하는 자동화된 탐색 엔진의 성향은 분류의 장점을 다시 고려하도록 한다.' 앞에서 본 것과 같이, 분류는 전자 상거래에서도 중요한 역할을 수행한다.

인터넷의 모든 측면에서 분류가 중요한 역할을 한다는 점은 명확해졌으며, 앞 장에서도 설명한 바와 같이, 모든 종류의 탐색은 분류를 일정 부분 포함해야만 한다.

주

1 이 장에 포함된 인터넷 탐색의 사례는 집필시기인 2008~2009년에 유효했다.

2 www.google.com.

3 www.yahoo.com.

4 www.google.com/dirhp.

5 http://dir.yahoo.com.

6 www.webrary.org/ref/weblinksmenu.html.

7 www.bubl.ac.uk.

8 www.public.iastate.edu/~cyberstacks/homepage.html.

9 www.scout.cs.wisc.edu/archives/.

10 www.intute.ac.uk/socialsciences.

11 http://library.liv.ac.uk.

12 www.ascleiden.nl/library.

13 http://conceptspace.london.edu/.

14 http://endeca.com/corporate-info/press-room/pr/pr_2006-0113.html.

15 www.lib.ncsu.edu/endeca.

16 www.lib.ncsu.edu/searchcollection.

17 www.udconline.net.

18 http://classificationwebnet.

19 www.acm.org/class/1998.

20 Taken from Coates' original BSO website at www.classbso.demon.co.uk.
This website has now been reduced in scale since UCL took over the management
of BSO.

21 www.ucl.ac.uk/fatks.bso.

22 www.oclc.org/research/projects/auto_class/default.htm.

23 www.purl.oclc.org/scorpion.

24 www.oclc.org/research/software/rdf_topicmaps/default.html.

25 www.ebay.com.

26 www.eccma.org.

27 www.ernestjones.co.uk.

28 www.w3.org.

참고문헌

Adkisson, Heidi P. 2003. *Use of Faceted Classification*. Available at: www. webdesignpractices.com/navigation/facets.html.

Beaumont, Claudine and Matt Warman. 2009. "The Digital Life." *Daily Telegraph* (12 Mar).

Blumberg, Robert and Shaju Atre. 2003. "Automatic Classification: Moving to the Mainstrearm." reprinted from DM Review, (Apr) 2003 and available at: www. soquelgroup.com/articles/dmreview_0403_classification.pdf.

Dodd, David G. 1996. "Grass Roots Cataloguing and Classification: Food for Thought from World Wide Web Subject-oriented Lists." *Library Resources and Technical Services*, 40(3), pp. 275~286.

Harrison, Nicola and Emma Place. 2009. "The Best of the Web." *Library & Information Update* (Jan~Feb), pp. 48~50.

ISOK UK Conference(4th: 2008: University College, London). *Semantic Analysis Technology in Search of Categories, Concepts & Context*. ISOK UK, London.

Jenkins, Charlotte, et al.. 2001. *Automatic Classification of Web Resources Using Java and Dewey Decimal Classification*. Available at: www.scu.edu.au/programme/ posters/1846/com1846.htm.

MacLennan Alan. 2000. "Classification and the Internet." in Rita Marcella and Arthur Maltby(eds.). *The Future of Classification*. Gower, Aldershot, Hants; Brookfield, Vt., pp. 59~68.

Neely, Mark. 1999. *All About Searching the Internet*, rev. ed.. Net.Works, Harrogate, Yorks, p. 17.

Newton, Robert. 2000. "Information Technology and New Directions." in Rita Marcella and Arthur Maltby(eds.). *The Future of Classification*, Gower, Aldershot, Hants; Brookfield, Vt., pp. 59~68.

O'Reilly, Tim. 2008. *What Is Web 2.0: Design Patterns and Business Models for the Next Generation of Software*, Available at: www.oreillynet.com/pub/a/oreilly/ tim/news/2005/09/30/what is web 2.0.html.

Pergolesi, Mauro. 2006. *50 years of NATO: Codification Plays a Vital Role*. p. [5]. Available at: www.nato.int/Codification.

Pong, J.Y.-H., R.C.-W. Kwok, R.Y.-K. Lau, J.-X. Hao & P.C.-C. Wong. 2008. "A Comparative Study of Two Automatic Document Classification Methods in a

Library Setting." *Journal of Information Science*, 34, pp.213-230.

Poulter, Alan. 2008. "Is Web 2.0 the Answer to Records Management?": [review of Bailey, Steve, *Managing the Crowd: Rethinking Records Management for the Web 2.0 World*, Facet, London, 2008], *Library and Information Update*, (Dec), p.23.

Saumure K., A. Shir. 2008. "Knowledge Organization Trends in Library and Information Studies: A Preliminary Comparison of the Pre- and Post-web Eras." *Journal of Information Science*, 34(5), pp.651~666.

Turner, David 200?. *UNSPSC: Introduction and Overview*. Available at: http://www.unspsc.org/Portals/3/Documents/Introduction%20to%20UNSPSC.pdf.

UNSPSC. 2009. What is UNSPSC and What Are the Benefits of Coding Products and Services. Available at: www.unspsc.org/FAQs.asp.

Web 2.0. 2009. Available at: http://en.wikipedia.org/wiki/web_2.0.

15

결 론

이 책은 분류를 정보의 저장과 검색에 활용할 수 있는 다양한 방법을 소개하기 위한 것이다. 분류가 정보시스템 내의 문헌이나 기록, 데이터의 조직과 위치 파악에 매우 유용한 도구로 간주되어야 한다는 것을 성공적으로 보여주었기를 바란다. 랭그리지는 정보를 다루기 위해서 '분류는 모든 색인언어의 기본'이라고 하고, '분류를 대체할 수 있는 것은 없다'라고 강조했다(Langridge, 1973). 클리프턴은 '코드화'는 컴퓨터 기반 비즈니스 시스템에서 필수적인 자질이며, 그이유는 '실질적으로 기술(descriptions) 정보만 부여된다면, 1000여 개 정도의 상이한 개체라도 유일하고 정확하게 식별할 수 없기 때문'이라고 했다(Clifton and Hodges, 1994). 배틀리도 '분류와 시소러스 구축 원칙은 웹 환경에서의 발견가능성을 향상시킨다'고 했다(Batley, 2007).

하나의 분류체계만으로 모든 목적에 적합한 분류를 할 수는 없다. 분류체계의 선정이나 설계는 정보시스템의 유형이나 목적, 이용자 요구와 같은 요인에 따라 결정될 것이다. 예를 들어 공공도서관이나 대학도서관은 기록된 지식 전체를 다루는 일반분류표나 총류와 같은 특수한 자질이 필요할 것이다. 이러한 특성을 가진 도서관에서 서가배열을 하기 위해서는 복잡한 분류기호를 피해야 할 것이다. 복잡한 기호는 서가배열을 혼란스럽게 만들 수 있으며, 길이가 긴 기호를 책등이나 팸플릿에 적는 것은 불편하기 때문이다.

학교도서관의 요구사항은 공공도서관과 유사하겠지만, 수업의 커리큘럼을 반영하기 위한 분류표도 필요할 것이다. 때때로 교사들은 이러한 관점에서 특정 분류표를 비판한다. 예를 들어 듀이십진분류법(DDC)에서는 '지리학'이라는 주제가 380, 550, 910과 같이 여러 주류에 분산되어 있다. 따라서 학교도서관에서는 도서관 이용자의 요구를 더 충실히 수용하는 다른 분류표를 선호할 수도 있다. 그러나 미국국회도서관분류법(LCC)과 DDC는 미국과 영국을 비롯한 각국의 공공도서관에서 널리 사용되고 있다. 학교도서관에서 사용하는 분류표와 근처 공공도서관에서 사용하는 분류표가 다를 경우에는 추가적인 문제가 발생할 수 있다. 즉, 표준화의 결여 문제로서 이용 편의와 이용자의 만족도가 낮아질 수 있다.

한편 소규모의 학교도서관에서는 DDC와 같은 분류표가 지나치게 상세하다고 간주하여 더욱 단순한 분류표를 찾기로 결정할 수도 있다. 사실, 이러한 이유로 학교도서관을 위한 DDC나 블리스의 서지분류법(BC) 간략판이 발행되었다. 또한 학교도서관을 위한 특수분류표도 있다. 예를 들면 영국학교도서관협회에서 발간한 초등학교 도서관분류법이 있다(2004).[1] 이 분류표에서 논픽션 자료는 DDC 간략판을 이용해 분류한다. 이 분류표는 '모든 사람이 쉽게 사용할 수 있고', '교사와 학교도서관 서비스를 위해 필요한 요구'를 반영했다고 한다.

반대로, 전문도서관이나 정보서비스 기관의 경우에는 일반분류표가 상세하지 않다고 판단할 수 있다. 향수와 화장품 제조사는 DDC가 다음과 같이 자사의 특정 주제 영역에 대해서는 세목을 단지 4개만 제공한다는 것을 발견할 것이다.

668.5	향수 및 화장품
668.54	향수
668.542	천연 향수
	꽃에서 추출한 오일 및 물 포함
668.544	인공 향수
668.55	화장품

이것은 지나치게 부적합하므로 더욱 상세한 분류표가 필요할 것이다. 따라서 전문적인 주제 영역에는 일반분류표를 사용하는 것 외에, 별도의 특수분류표를 도입하거나 설계해야 할 것이다. 예를 들어, 건설정보통합분류법(Uniclass)의 테이블 Q는 국제십진분류법(UDC)의 개요표를 포함하고 있다(49쪽 참조). 이것은 'Uniclass에서 다른 분류표에는 포함되지 않는 주제를 UDC를 이용해 분류하는 방법을 제시한 것'이다(Crawford, Cann and O'Leary, 1997: 13). 미국의학도서관분류법(NLM)은 의학 관련 주제와 일반 참고자료에는 LCC를 사용한다. NLM은 LCC과 유사하게 문자와 숫자를 포함한 혼합기호법을 사용하며, LCC에서 영구적으로 배제된 문자인 QS-QZ와 W-WZ를 사용한다.[2]

특정 시스템에서 기존에 사용하던 분류표가 이미 있고, 재분류의 효과가 보장되지 않는다면 재분류 비용이 지원되지 않기 때문에 분류표에 대한 선택의 여지가 없을 수도 있다. 만일 '선택'이 가능하더라도 해당 분류표가 이미 유사한 정보환경을 가진 다른 기관에서 사용되어 이미 적용되고 테스트되었기 때문일 것이다. 일반분류표와 다양한 주제영역의 특수분류표를 포함하여 기존의 많은 분류체계가 있다. 그중 일부는 이 책에서 다루어진 것이다. 이 외의 사례로는 미국수학협회의 수학주제분류법[3]과 미국물리학협회의 물리학 및 천문학분야 분류법[4]이 있다. 분류표의 사용을 처음으로 고려하는 것이라면, 적합한 분류표가 이미 개발되어 있는지를 확인하는 것이 유리할 수 있다.

하나의 분류표와 다른 분류표의 각 특징을 통합하는 것도 가능하다. 예를 들어, 서지분류법 2판은 필요한 부분에는 영국음악분야분류법과 같은 외부 분류표를 도입했다. 런던경영학분류법의 클라스 P 법학은 상당 부분 모예스(E. Moyes)의 법학문헌분류법을 도입했으며, 클래스 K 산업은 영국중앙통계국의 산업표준분류법을 적용했다. 반대로 Uniclass의 클래스 C 경영은 런던경영학분류법에 빚을 지고 있다.

기존의 분류표를 고려하든 새로운 분류표를 구축하든, 이 책에서 전반적으로 언급했던 주의사항을 고려해야 한다. 예를 들어 분류표의 구조, 패싯 결합순서, 분류기호와 관련된 결정사항이 필요하다.

계층구조는 분류기호를 통해 상하관계와 대등관계를 쉽게 인식할 수 있도록 분류기호의 표현성이 요구되는 경우에 선택할 수 있다. 반대로 분류기호의 표현력이 크게 중요하지 않고, 분류기호의 유연성과 복합주제를 분류하는 능력이 중요한 경우에는, 아마도 패싯분류표를 선택할 것이다. 패싯분류표에서도 표현력이 좋은 분류기호를 만들 수 있지만(125쪽 참조), 그 범위가 제한되어 있다. 특히 복합주제를 위한 분류기호가 복수의 클래스에서 추출된 기호의 조합을 통해 구축될 수 있는 경우에, 패싯분류표는 그 특성상 분류기호의 표현력에 영향을 미친다. 12가 1의 하위항목이거나 AB가 A의 하위항목임을 시각화하는 것은 쉽다. 그러나 81(24)Xf(J)와 같은 기호로 구성된 *CI/SfB* 건설정보색인매뉴얼의 구조는 어떻게 나타내는가? '괄호와 대문자 및 소문자의 조합은 분류기호를 이해하기 어렵게 한다. 이와 같이 복잡한 기호는 또한 컴퓨터 처리에도 문제를 야기한다'(Crawford, Cann and O'Leary, 1997: 9).

패싯 결합순서는 분류표가 이용자 요구를 가능한 충실히 반영할 수 있도록 선정되어야 한다. 매뉴얼 시스템에서 패싯 결합순서에 따른 자료의 배열은 반드시 주의 깊게 고려되어야 한다. 한 가지 유형의 배열순서는 특정 정보서비스 이용자에게 적합할 수 있지만, 다른 이용자에게는 적합하지 않을 수 있다. 따라서 Uniclass, 런던교육학분류법, 런던경영학분류법과 같은 분류표는 유연성을 허용하여 정보서비스의 특정 요구를 충실히 수용하기 위한 패싯 결합순서를 도입하도록 했다. 예를 들어, 후자의 분류표는 '조직과 방법 및 작업 연구'라는 주제를 자모순으로 가장 나중에 오는 클래스 중 하나인 X에 배치했다. 어떤 정보시스템이 '조직 및 작업 연구'에 관한 모든 정보를 함께 모으고자 한다면, 클래스 X는 마지막보다는 처음에 결합될 수 있을 것이다. 따라서 '음식 산업에서의 업무 연구'의 분류기호는 KBA/XE가 아니라 XE/KBA(KBA = 음식 산업)이고, '은행의 업무 연구'는 ECB/XE가 아니라 XE/ECB(ECB = 은행)가 된다.

분류기호는 가능한 한 짧고 단순해야 한다. 정확한 주제가 구체화되는 정도인 상세성이 요구되며, 길이가 긴 분류기호도 수용할 수 있어야 한다. 분류기호가 컴퓨터로만 처리된다면 그 길이와 복잡성은 문제가 되지 않을 것이다. 복잡성에 혼란을 느끼는 것은 기계가 아닌 사람에게만 해당되는 문제이기 때문이다. 그러나 산업분야에서 제품에 코드를 부여하기 위해서라면 고정된 길이의 숫자로 된 분류기호가 선호될 것이다. 예를 들면, NATO **코드**체계에서 '승용차'에 대한 코드는 2310이다(118~120쪽 및 122쪽도 참조).

각 개념이 동일한 분류기호에 의해 일관성 있게 식별된다면, 컴퓨터 시스템은 분명히 탐색을 더 수월하게 할 것이다. 고정길이의 분류기호에서는 특정 분류기호가 하나의 개념을 유일하게 식별할 필요는 없지만, 그 경우에도 분류기호의 출현 위치에 따른 일관성은 반드시 필요하다. 예를 들어 **기계용 나사를 위한 분류표**(44~45쪽 참조)의 경우, 첫 번째 위치에서 '2'를 찾는다면 '놋쇠'를 발견하게 되겠지만, 네 번째 위치에서라면 '크롬 도금'을 발견할 것이다. Uniclass에서 '여성'이라는 개념은 N5331이고, 이 기호는 여성을 가리키는 유일한 기호이다. LCC에서, '여성'이라는 개념은 열거된 주제에서 매우 빈번히 발견되는데, 부류도 다양하고 분류기호도 상이하여 해당 분류기호를 통해 이 개념의 다양한 모든 측면을 탐색하는 것은 불가능하다. 분명히 패싯분류표에서는 일관성을 달성하기가 더 쉬운데, 실제 분류에서 언제나 그렇게 되는 것은 아니다. Uniclass도 49~53쪽에 있는 색인 발췌문에 제시된 바와 같이 종종 하나의 개념에 여러 개의 기호를 사용한다.

컴퓨터 기반 시스템에서 개체에 코드를 부여하기 위한 단순한 분류표라면, 분류표의 구조, 패싯 결합순서, 분류기호와 관련된 사항만 결정하면 된다. 다른 목적을 갖는 더욱 복잡한 컴퓨터 시스템에서는 다른 요소들도 반드시 고려해야 한다. 상세한 분류표라면 자모순 색인이 필요할 것이고, 설명적인 서론도 제공되어야 한다.

분류는 탐색절차를 지원할 수 있고, 12~14장에서 설명한 바와 같이 자모순 색인 기법은 분류 원칙에 바탕을 둔 것이다. 컴퓨터 기반 정보시스템은 이제 널리 보급되었다. 인터넷은 정보에 대한 접근방식을 크게 변화시켰다. 1980년대에는 '컴퓨터 시스템에서 분류표의 이용을 개선'하려는 움직임이 있을 것이고(Gorman, 1983), '분류가 온라인 탐색에 필수 요건이 될 것'(Richmond, 1983)이라는 예측이 있었다. 이 예측은 부분적으로만 실현되었지만, 로컬 온라인 시스템과 탐색 엔진은 인터넷 자원을 조직하거나 항해하기 위해 계층적이거나 분류체계가 접목된 브라우저를 사용하고 있다. 이것은 논리적인 발전으로서, 결국 분류는 처음부터 대량의 지식과 정보를 조직하는 것에 대한 필요에 대응하기 위해 고안된 것이다(Chan and Hodges, 2000). 밀스는 패싯분류표를 '정보의 소재와 관계를 최적으로 예측할 수 있게 해주는, 유일하게 실행 가능한 형식'이라고 보았다(Mills, 2004). 204~206쪽에서 제시한 바와 같이, 패싯분류표의 사용은 인터넷에서 정보를 조직하기 위해 확대되었다. 라 바는 구글에서 '패싯분류'를 탐색하면 8000건 이상의 결과가 제시되어, 100건만 검색되었던 5년 전과 대비된다고 보고한 바 있다(La Barre, 2004). 현재(2009) 유사한 탐색을 수행하면 8만 건 이상의 결과가 제시되는데, 이것은 주제 분야에서 관심이 대폭 증가한 것을 나타내는 것이다. 그럼에도 키워드 방식은 현재 인터넷 탐색에서 선호되고, 주된 방식으로 남아 있다. 그러나 이 책의 앞부분에서 설명한 바와 같이, 키워드는 최상의 해결책을 제공하지 못한다. 그로스와 테일러의 연구에 따르면, 미국국회도서관 주제명표(LCSH)가 서지레코드에 부여되지 않고 이용자가 키워드 탐색에만 의지해야 한다면, 1/3 이상의 레코드가 검색되지 않는다는 것이 밝혀졌다(Gross & Taylor, 2005). 물론 이 연구는 도서관 목록과 관련된 것이지만, 그럼에도 통제언어가 큰 효율성을 가질 수 있다는 것을 나타내는데, 부적합한 '탐색 결과'를 감소시킬 수 있다는 결과가 나왔다.

분류는 또한 웹에서 전자상거래와 인터넷 기업을 지원하는데도 활용할 수 있는데, 여기에는 필수적으로 인터넷을 통해 이루어지는 데이터의 교환과 금융거래 및 다른 거래 행위가 포함되기 때문이다. BIC 주제분류법(90~93쪽 참조)이나 NATO 코드체계(118~120쪽 및 122쪽 참조), UN 제품·서비스표준코드(UNSPSC)와 같은 시스템은 전자 데이터와 비즈니스 활동을 교환하는 것을 지원한다(203~204쪽 참조). 아마존(Amazon)이나 이베이(eBay, 201~203쪽 참조)와 같은 일반적인 소매 시스템은 보석상(204~206쪽 참조)과 같이 특정 유형의 물품만을 특화해서 취급하는 소매상인들처럼, 고객이 정보에 근거한 선택을 하도록 상품을 범주화한다. 이 시스템 중 일부는 미국국회도서관분류법(LCC)과 같이 복잡한 시스템과 비교하면 단순하게 보일 수 있다. 그러나 이 둘은 유사한 기본 원칙에 기초하고 있으며, 인지된 요구를 만족시킨다.

요약하자면, '정보검색시스템의 주요 목표 중 하나는 이용자가 최소한의 노력으로 질의에 적합한 모든 자료를 찾도록 하는 것이다. 분류체계는 구체적인 특성에 따라 자료를 그룹화함으로써 이 목표를 달성한다.' 그러나 포스켓은 위 문장을 인용한 그의 저작에서 다음과 같은 중요한 경고를 덧붙였다(Foskett, 1982).

'우리가 선택한 특성이 이용자 요구를 만족시킨다면, 이 그룹화는 유용할 것이다. 그렇지 않다면 우리가 조직한 정보는 도움이 아니라 방해물임이 드러날 것이다.' 이것은 분명히 주목해야 할 메시지이다. 분류는 그 자체로 목적이 되지 않으며, 어떤 목적을 위한 수단이다. 19세기에 커터는 색인자의 편리함보다 이용자의 편리함을 우선시해야 한다고 주장했다(Cutter, 1904).

주

1 www.sla.org.uk/primary-school-classification-scheme.php.
2 wwwcf.nlm.nih.gov/class/nlmclassintro.html.
3 www.ams.org.msc/.
4 www.aip.org/pacs/.

참고문헌

Batley, Sue. 2007. "Going Nowhere?" *Catalogue & Index*, 155(Spring), pp.6~7.

Chan, Lois Mai and Theodora L. Hodges. 2000. "The Library of Congress Classification." in Rita Marcella and Arthur Maltby(eds.). *The Future of Classification*, Gower, Aldershot, Hants; Brookfield, Vt., pp.105~127.

Clifton, H.O. and A.G. Sutcliffe, 1994. *Business Information Systems*(5th ed.). Prentice Hall, New York; London, p.320.

Crawford, Marshall, John Cann and Ruth O'Leary(eds.). 1997. *Uniclass: Unified Classification for the Construction Industry*, RIBA, London.

Cutter, Charles A. 1904. *Rules for a Dictionary Catalog*(4th ed.). Government Printing Office, Washington, p.6.

Foskett, A.C. 1982. *The Subject Approach to Information*(4th ed.). Bingley, London, p.158.

Gorman, Michael. 1983. "Technical Services, 1984-2001(and before)." *Technical Services Quarterly*, 1(1/2), pp.65~71.

Gross, Tina and Arlene Taylor. 2005. "What Have We Got to Lose? The Effect of Controlled Vocabulary on Keyword Searching Results." *College and Research*

    Libraries, 66(3), pp. 212~230.

La Barre, Kathryn. 2004. "Adventures in Faceted Classification: a Brave New World." in
    I. C. McIlwaine (ed.). *Advances in Knowledge Organisation* ······, vol. 9, pp.
    79~84. Available at: http://netfiles.uiuc.edu/klabarre/www/isko2004/sysweb/
    2blabarre.ppt.

Langridge, Derek. 1973. *Approach to Classification for Students of Librarianship*,
    Bingley, London, p. 112.

Mills, Jack. 2004. "Faceted Classification and Logical Division in Information Retrieval."
    Library Trends (Winter). Available at: http://findarticles.com/p/articles/mi_m1387/
    is_3_52/ai_n6080403.

Richmond, Phyllis A. 1983. "Futuristic Aspects of Subject Access." *Library Resources and
    Technical Services*, 27(1), pp. 88~93.

구 글 디 렉 터 리 정 보

(dmoz를 통해 제공되고 있음) 〈http://www.dmoz.org/〉

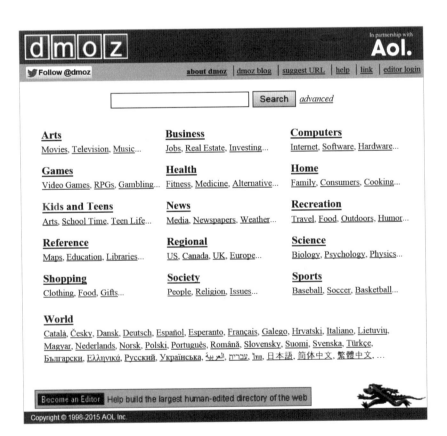

스 카 우 트 리 포 트 아 카 이 브 검 색 사 례 화 면

1. 주제명 '공룡(dinosaurs)'에 대한 이 웹사이트 브라우징 결과 화면은 다음
과 같다. 〈https://scout.wisc.edu/archives/b1646/dinosaurs〉

2. 현재 주제명 'Cardiovascular system'에 대한 이 웹사이트 브라우징 결과
   화면은 다음과 같다.

⟨https://scout.wisc.edu/archives/b20537/dinosaurs-cardiovascular_system⟩

Browse Resources

Dinosaurs -- Cardiovascular system.

Resources

Talk of the Nation, Science Friday 04/21/2000   More Info
This resource refers to the recent discovery of a fossilized dinosaur heart that was reported in the April
21, 2000 issue of the Journal *Science*. This heart of a small herbivore called a *Thescelosaurus* reveals a
structure "more like that of a bird or a mammal than those of reptiles, adding substantially to evidence
suggesting that at least some dinosaurs had high metabolic rates." This audio...

http://www.npr.org/ramfiles/totn/20000421.totn.02.rmm

Willo: The Dinosaur with a Heart   More Info
This site refers to the discovery of a fossilized dinosaur heart that was reported in the April 21, 2000
issue of the Journal *Science*. This heart of a small herbivore called a *Thescelosaurus* reveals a structure
"more like that of a bird or a mammal than those of reptiles, adding substantially to evidence suggesting
that at least some dinosaurs had high metabolic rates." The site, from the Center...

http://www.dinoheart.org/

Browse by GEM Subject

ACM Computing Classification(1998). 1999 — valid through 2009. Association for Computing Machinery. Available at: www.acm.org/class.

Aitchison, Jean. 1982. "Indexing Languages, Classification Schemes and Thesauri." in L. J. Anthony(ed.). *Handbook of Special Librarianship and Information Work* (5th ed.). Aslib, London.

Aitchison, Jean, Alan Gomersall and Ralph Ireland. 1969. *Thesaurofacet: Thesaurus and Classification for Engineering and Related Subjects* (4th ed.). English Electric, Leicester.

Aitchison, Jean, Alan Gilchrist and Alan Bawden. 1997. *Thesaurus Construction and Use: a Practical Manual* (3rd ed.). Aslib, London.

Austin, Derek and Mary Dykstra. 1984. *PRECIS: a Manual of Concept Analysis and Subject Indexing* (2nd ed.). British Library, London.

Batley, Susan. 2005. *Classification in Theory and Practice.* Chandos, Oxford.

Bengsten, Betty G. and Janet-Swan Hill(eds.). 1990. *Classification of Library Materials: Current and Future Potential for Providing Access.* Neal-Schuman, London, New York.

BISAC Subject Headings. 2008. Book Industry Standards and Communication. Available at: www.bisg.org/standards/bisac_subject/index.html.

BIC Subject Categories. 2006. Book Industry Communication. Available at: www.bic.org.uk/7/subject-categories.

Bliss, H. E. 1940~1953. *A Bibliographic Classification.* H. W. Wilson, New York, 4 v.

Blumberg, Robert and Shaju Atre. 2003. "Automatic Classification: Moving to the

Mainstream." reprinted from DM Review, Apr 2003 and available at: www.
soquelgroup.com/articles/dmreview_0403_classification.pdf.

Bowman, John H. 2004. *Essential Dewey*. Facet, London.

Brisch, E.G. & Partners[n,d,] *The Brisch Building Classification: prepared for the British
Building Documentation Committee*, E.G. Brisch & Partners[S.l.].

British Standards Institution. 1979. *Guidelines for the Establishment and Development
of Monolingual Thesauri*. BSI, Milton Keynes(BS 5723). Based upon the
'guidelines' previously issued by the International Standards Organisation(ISO
2788).

Broughton, Vanda. 2004. *Essential Classification*. Facet, London.

_____. 2006. *Essential Thesaurus Construction*. Facet, London.

BSI Root Thesaurus. 1988. 3rd ed. British Standards Institution, Milton Keynes.

BSO: *Broad System of Ordering*. 1991. FID/BSO Panel(Eric Coates, et al.). rev. ed.
Available, including 1994 update, at: www.ucl.ac.uk.uk/fatks/bso. The copy-
right of BSO is now held by University College London and the responsibility for
its future management now lies with this institution.

Caplan, Priscilla. 2003. *Metadata Fundamentals*(Rev ed.). ALA Editions, Chicago.

Chan, Lois Mai. 2007. *Cataloging and Classification*: an Introduction(3th ed.). Scarecrow,
Lanham, Md.

Chan, Lois Mai, et al. 1996. *Dewey Decimal Classification: a Practical Guide*(2th ed.).
Forest Press, a Division of OCLC Online Computer Library Center, Albany, NY.

Chan, Lois Mai and Theodora L. Hodges. 2000. "The Library of Congress Classification."
in Rita Marcella and Arthur Maltby(eds.). *The Future of Classification*. Gower,
Aldershot, Hants; Brookfield, Vt., pp.105~127.

Chan, Lois Mai. 2005. *Library of Congress Subject Headings: Principles and Practice*, 4th
ed., Libraries Unlimited, Englewood, Co.

Chowdry, G. C. 2003. *Introduction to Modern Information Retrieval* (2nd rev.ed.).
Facet, London.

Clifton, H.O. and A.G. Sutcliffe. 1994. *Business Information Systems*(5th ed.). Prentice
Hall, London; New York.

Coates, E. J. 1960. *The British Catalogue of Music Classification*. British National
Bibliography, London.

_____. 1960. *Subject Catalogues: Headings and Structure*, Library Association,

London.

Crawford, Marshall, John Cann and Ruth O'Leary(eds.). 1997. *Uniclass: Unified Classified Classification for the Construction Industry*, RIBA, London.

Cutter, Charles A. 1904. *Rules for a Dictionary Catalog*(4th ed.). Government Printing Office, Washington.

Dewey, Melvil. 2003. *Dewey Decimal Classification and Relative Index*(edition 22, ed.). by Joan S. Mitchell[et al]., OCLC, Dublin, Ohio. 4 v.

Dittman, Helena. 2000. *Learn Library of Congress Classification*, Scarecrow Press, London.

Downing, M. H. and D. H. Downing. 1992. *Introduction to Cataloguing and Classification*(6th ed.). McFarland, Jefferson, N. C.

Drabenstott, K. M. and Vizine-Goetz, D. 1994. *Using Subject Headings for Online Retrieval: Theory, Practice and Potential*, Academic Press, San Diego.

Ellis, David. 1996. *Progress and Problems in Information Retrieval*(2nd ed.). Library Association, London.

Foskett, A. C. 2000. "The Future of Faceted Classification." in Rita Marcella and Arthur Maltby(eds.). *The Future of Classification.* Gower, Aldershot, Hants, Brookfield, Vt., pp.69~80.

_____. 1996. *The Subject Approach to Information* (5th ed.). Library Association, London.

Foskett, D.J. and Foskett, Joy. 1974. *The London Education Classification: a Thesaurus/classification of British Educational Terms*(2nd ed.). University of London, Institute of Education Library.

Harry, Mike. 1994. *Information Systems in Business.* Pitman, London.

Hildreth, Charles R. 1989. *The Online Catalogue: Developments and Directions.* Library Association, London.

Immroth, John Phillip and Chan, Lois Mai. 1999. *A Guide to the Library of Congress Classification*(5th rev. ed.). Greenwood, London.

International Organization for Standardization. 1986. D*ocumentation: Guidelines for the Establishment and Development of Monolingual Thesauri* (2nd ed.). The Organization, Geneva(ISO 2788).

Intner, Sheila [et al.]. 2005. *Metadata and its impact on libraries.* Libraries Unlimited, Englewood, Colo.

ISOK UK Conference(4th: 2008: University College, London). *Semantic Analysis*

Technology in Search of Categories, Concepts & Context. ISOK UK, London.

La Barre, Kathryn. 2004. "Adventures in Faceted Classification: a Brave New World." in I. C. McIlwaine(ed.). *Advances in Knowledge Organisation* ……. vol. 9, pp. 79~84. Available at: http://netfiles.uiuc.edu/klabarre/www/isko2004/sysweb/2blabarre.ppt.

Lancaster, F. W. 1998. *Indexing and Abstracting in Theory and Practice* (2nd ed.). Library Association, London.

Langridge, Derek. 1973. *Approach to Classification for Students of Librarianship*, Bingley, London.

_____. 1992. *Classification: its Kinds, Systems, Elements and Applications*. Bowker-Saur, London.

Library of Congress. various dates. *Classification*. LC, Washington, 43 v. The examples included here have been checked in 2008 against 'Classification Web', available from the Cataloging Distribution Service of LC at http://classificationwebnet.

_____. 2008. *Subject Headings* (31st ed.). LC, Washington, 5 v. The examples included here have been checked in 2008 against 'Classification Web', available from the Cataloging Distribution Service of LC at http://classificationwebnet.

_____. 2008. *Subject Headings Manual*. LC, Washington.

London Business School Library. 2005. *London Classification of Business Studies : Thesaurus*. The Library, 2 v. [Vol.1] Classified Sequence, [Vol.2] Alphabetical Sequence. This is a new version of the scheme first devised by K.D.C. Vernon and Valerie Lang(see below).

MacConnell, W. 1971. *Classification and Coding: an Introduction and Review of Classification and Coding Systems*. British Institute of Management, London.

McIlwaine, I.C., with participation from A.Buxton. 1993. *Guide to the Use of the UDC*. International Federation for Information and Documentation, The Hague. FID occasional paper, 5.

MacLennan Alan. 2000. "Classification and the Internet." in Rita Marcella and Arthur Maltby(eds.). *The Future of Classification*, Gower, Aldershot, Hants; Brookfield, Vt., pp.59~68.

Maltby, Arthur. 1975. *Sayers' Manual of Classification for Librarians*(5th ed.). Deutsch, London. Marcella(1994) is essentially a revised edition of this manual.

Marcella, Rita and Arthur Maltby(eds.). 2000. *The Future of Classification*. Gower,

Aldershot, Hants; Burlington, Vt.

Marcella, Rita and Robert Newton. 1994. *A New Manual of Classification.* Gower, Aldershot, Hants; Burlington, Vt. Essentially a revised edition of Maltby(1975).

Markey, Karen. 1986. "Subject-searching Experiences and Needs of Online Catalog Users: Implications for Library Classification." *Library Resources and Technical Services,* 30(1) January-March 1986, pp. 34~51.

Mills, J. 1976. "Bibliographic Classification." in A. Maltby(ed.). *Classification in the 1970s: a Second Look*(rev. ed.). Bingley, London, pp. 25~50.

Mills, J., et al. 1977~. *Bliss Bibliographic Classification*(Second Edition), Butterworths, London, and Saur,. Munchen, vols in progress.

Neely, Mark. 1999. *All About Searching the Internet*(rev ed.). Net.Works, Harrogate, Yorks.

Newton, Robert. 2000. "Information Technology and New Directions." in Rita Marcella and Arthur Maltby(ed.). *The Future of Classification.* Gower, Aldershot, Hants; Brookfield, Vt., pp. 59~68.

Palmer, Bernard I. and A. G. Wells. 1951. *The Fundamentals of Library Classification.* Allen & Unwin, London.

Pictorial Knowledge. 1970. International Learning Systems, London, 8 v.

Ranganathan, S. R. 1987. *Colon Classification* (7th ed.). edited by M.A. Gopinath, Sarada Ranganathan Endowment for Library Science, Bangalore.

_____. 1963. *Colon Classification*(6th ed.). with annexure, Asia Publishing House, Bombay; London.

Ray-Jones, Alan and David Clegg. 1991. *CI/SfB Construction Indexing Manual.* RIBA, London. Abridged reprint of 1976 revision.

RCN Library Nursing Thesaurus: a Thesaurus of Terms Used in Nursing, Midwifery, Health Visiting and Related Subject Areas. 2007. 5th ed., RCN[Royal College of Nursing] Library and Information Services, London.

Rowley, Jennifer. 1996. *The Basics of Information Systems*(2nd ed.). Library Association, London.

Rowley, Jennifer and Hartley, Richard. 2008. *Organizing Knowledge: an Introduction to Managing Access to Information*(4th ed.). Ashgate, Farnham, Surrey.

Saumure K., Shiri A. 2008. "Knowledge organization trends in library and information studies: a Preliminary Comparison of the Pre- and Post-web Eras." *Journal of*

Information Science, 34(5), pp.651~666.

Scott, Mona L. 1998. *Dewey Decimal Classification: a Study Manual and Number Building Guide*. Libraries Unlimited, Englewood, Colo.

Shaw, Josephine. 1984. *Administration for Business*(2nd ed,), Pitman, London

Smith, Raymond. 1966. *Classification for London Literature Based Upon the Collection in the Guildhall Library* (3rd ed.). The Library Committee, London. Cited in George A. Carter. 1973. *J.L. Hobbs's Local History and the Library* (2nd rev. ed.). Deutsch, London.

Soergel, Dagobert. 1985. *Organising Information: Principles of Database and Retrieval Systems*. Academic Press, Orlando, Florida; London.

Sparck-Jones, Karen. 1976. "Automatic Classification." in Arthur Maltby(ed.). *Classification in the 1970s: a Second Look*. Bingley, London, pp.209~225.

Taylor, Arlene G. and Daniel N. Joudrey. 2008. *The Organisation of Information*. Libraries Unlimited, Englewood, Colo.

Taylor, Arlene G. 2004. *Wynar's Introduction to Cataloging and Classification*(9th rev. ed.). Libraries Unlimited, Englewood, Colo.

Thesaurus of Psychological Index Terms. 2001. 11th ed., edited by Lisa Gallagher Tuleya, American Psychological Association, Washington. The entry cited in the text is taken from the 1974 edition and varies slightly in this latest edition.

Thomas, Alan R.(ed.). 1995. *Classification: Options and Opportunities*, Haworth, New York. Also published as Cataloging and Classification Quarterly, 19(3/4).

Thomas, Alan R. and James R. Shearer. 2000. *Internet Searching and Indexing: the Subject Approach*. Haworth, Binghamton, NY. Published simultaneously in Journal of Internet Cataloging, Vol.2(3/4).

Unesco Thesaurus: a Structured List of Descriptors for Indexing and Retrieving Literature in the Fields of Education, Science, Culture, Communication and Information. 1994. New ed., Unesco, Paris. Previous edition compiled by Jean Aitchison, 1977.

Universal Decimal Classification. various dates. English text (BS 1000). Available at: www.udconline.net.

Vernon, K.D.C. and Valerie Lang. 1979. *The London Classification of Business Studies: a Classification and Thesaurus for Business Libraries* (2nd ed. rev). K. G. B. Bakewell and David A. Cotton, Aslib, London.

Vickery, B. C. 1960. *Faceted Classification: a Guide to Construction and Use of Special Schemes.* Aslib, London.

Viet, Jean and Georges van Slype. 1984. *EUDISED Multilingual Thesaurus for Information Processing in the Field of Education* (New ed.). English version, Mouton, Berlin. At head of title: Council of Europe. Commission of the European Communities.

Wellisch, Hans H. (ed.). 1977. *The PRECIS Index System: Principles, Applications and Prospects,* H. W. Wilson, New York.

◆ 색 인

1. 국문색인은 기본적으로 원서의 색인을 번역 후 가나다순으로 재배열한 것으로서, 필요하다고 판단된 경우 일부 색인어를 추가했다.
2. 영문색인(고유명, 약어, 분류관련 용어)과 인명색인은 역자가 추가한 것이다.
3. 국문색인의 표제어는 모두 붙여서 쓰는 것을 원칙으로 하되, 일부 표제어(~식, ~의, ~용, ~적, 영어와 한글이 혼용되거나 필요하다고 여겨지는 경우)는 띄어 썼다.
   예) 계층분류표
      계층적 분류표
   예) BSO 패싯분류법
4. 국문색인의 표제어 중 원서에서는 각기 다른 표제어로 되어 있었으나 한글로 번역하면서 같은 대상을 가리키는 표제어 두 개로 중복된 경우(도치, 약어) 하나를 생략했다.
   예) 온라인목록(OPACs)
      온라인목록(Online Public Access Catalogues)
   예) 동위류의 배열순서(array, order in)
      동위류의 배열순서(order in array)
5. 국문색인의 표제어 중 원서에서는 표제어 하나에 두 대상이 포함된 경우 검색이 더욱 용이하게 이루어질 수 있도록 각 대상을 분리했다.
   예) 우선어 및 비우선어(preferred and non-preferred terms) ☞ 비우선어
                                                      우선어
6. 원서의 색인에서 see(보라 참조), see also(도 보라 참조)는 국문색인에서 각각 다음과 같이 변형했다.
   예) coding see notation 부호화 → 분류기호
   예) web 2.0 see also Internet 웹 2.0 ☞ 인터넷도 참조

2. 영한 색인

BISAC Subject Headings	BISAC 주제명표
Bliss Classification Annual Bulletin	블리스분류법 연보
Bliss Classification Association	블리스분류협회
Bliss, H. E.	블리스, H. E.
BNB → British National Bibliography	
bolts	나사
Book Industry Communication → BIC Subject Categories	
Book Industry Standards and Communication → BISAC Subject Headings	
book numbers	도서기호
books	도서
Boolean searching	불리언 탐색
brevity	간결성
brewing company's records	맥주회사의 제품 정보
Brisch Building Classification	브리슈건축분류법
Brisch, E. G.	브리슈, E. G.
British Broadcasting Corporation	영국방송공사
British Catalogue of Music Classification	영국음악분야분류법
British Library	영국국가도서관
British National Bibliography	영국국가서지
British Standards Institution	영국표준협회
Broad System of Ordering (BSO)	BSO 패싯분류법
broader terms	상위어(시소러스의)
Broughton, Vanda	브로턴, B.
BSI → British Standards Institution	
BSI Root Thesaurus	BSI 루트 시소러스
BT → broader terms	
BUBL	버블
building construction	건축공학
building industry	건축산업
business	사업(비즈니스)
catalogues	목록
categorisation	범주화
CC → Colon Classification	
Central Statistical Office (UK)	영국중앙통계국
chain index	연쇄색인
chain procedure	연쇄절차
characteristics	특성

enumeration	열거
enumerative classification	열거형 분류표 → 계층분류표
estate agents' records → real estate agents' records	
expressive notation	표현성이 높은 분류기호
expressiveness	표현성(분류기호)
eXtensible Markup Language	확장성마크업언어
facet	패싯
facet formulae	패싯공식
facet indicator → linking devices	
facet linking device → linking devices	
faceted classification	패싯분류표
faceted scheme → faceted classification	
Federal Catalog System	미국연방목록시스템
Federal Supply Classification	미국연방공급분류표
FID → International Federation for Documentation	
FID → International Federation for Information and Documentation	
filing order	물리적 배열순서
findability	발견가능성
fixed length notation	고정길이 분류기호
flexibility	유연성
foci	구분지
focus → foci	
Ford, Harrison	포드, H.
form classes	형식류
form tables	형식보조표
form, classification by	형식분류
Foskett, Anthony Charles	포스켓. A.C.
free classification	개념 분류
freely faceted classification	자유배열 패싯분류법
full text searching	전문 탐색
fundamental concepts	핵심 개념
general before special principle	일반 주제 선행원칙
general scheme	일반분류표
general special	일반특수(미국국회도서관분류법의)
generalia class	총류
geographical division → place tables	지리구분 → 지역구분표
Gnoli, Claudio	그놀리, C.

National Codification Bureau　　　　　　　　　　영국국립코드관리국

National Information Services and Systems　　　영국국가정보서비스 및 시스템

National Library of Medicine Classification　　미국국립의학도서관분류법

NATO　→ North Atlantic Treaty Organization

NATO Codification Authority　　　　　　　　　NATO 코드관리국

NATO Codification System　　　　　　　　　　NATO 코드체계

NATO Group of National Directors on Codification　NATO 코드관리국가그룹

natural language indexing　　　　　　　　　　자연어 색인

NBS　→ National Building Specification

NISS　→ National Information Services and Systems

NLM　→ National Library of Medicine

NLM Classification → *National Library of Medicine Classification*

non-expressive notation　　　　　　　　　　　표현성이 낮은 분류기호

non-preferred terms　　　　　　　　　　　　비우선어

North Atlantic Treaty Organization　　　　　　북대서양조약기구

North Caroline State University　　　　　　　　노스캐롤라이나 주립대학

notation　　　　　　　　　　　　　　　　　분류기호

NT　→ narrower terms

number building　　　　　　　　　　　　　기호합성　→ 합성

numerical base　　　　　　　　　　　　　　숫자기반

OCLC Office of Research　　　　　　　　　　OCLC 연구소

office files　　　　　　　　　　　　　　　　사무용 파일

online public access catalogues　　　　　　　온라인열람목록

online searching　　　　　　　　　　　　　온라인 탐색

online thesauri　　　　　　　　　　　　　　온라인 시소러스

OPAC　→ online public access catalogues

OPACs　→ Online Public Access Catalogue

operator　　　　　　　　　　　　　　　　연산기호

order in array　　　　　　　　　　　　　　동위개념의 배열순서

ordinal value　　　　　　　　　　　　　　순서값

organizational warrant　　　　　　　　　　기관 근거

Otlet, Paul　　　　　　　　　　　　　　　오틀레, A.

PACS　→ Physics and Astronomy Classification

people　→ persons

perfumes　　　　　　　　　　　　　　　　향수

period tables　　　　　　　　　　　　　　시대구분표

personality　　　　　　　　　　　　　　　개성(콜론분류법)

Scorpion	스콜피온
Scout report archives	스카우트 리포트 아카이브
SD → subject device	
search engines	탐색엔진
Semantic Web	시맨틱 웹
Shaw, Josephine	쇼, J.
shopping	쇼핑
signs of combination → combination signs	
Simandl, D.	시맨들, D.
simple subjects	단일주제
simplicity	단순성
space	공간(콜론분류법의)
space → place tables	
special auxiliaries	특수보조표(국제십진분류법)
special classification schemes	특수분류표
special libraries	전문도서관
special scheme → special classification schemes	
specificity	상세성
Standard Industrial Classification	산업표준분류법
standard subdivisions	표준구분
standardisation	표준화
stringsearching	문자열 탐색
subdivision	세목
sub-facets	하위패싯
subject device	주제장치
subject headings	주제명표목
	→ 전거 리스트, 시소러스
supermarkets	슈퍼마켓
Svenonius, Elaine	스베노니어스, E.
switching languages	변환 언어
synthesis	합성
synthetic facility	합성 장치
systematic mnemonics	체계 조기성
systematic schedules	체계표
Taxonomy of Computer Science and Engineering	컴퓨터과학 및 공학분야 분류법
thesauri/thesaurus	시소러스
Thesaurofacet	시소러패싯

time	시간(콜론분류법)
time → period tables	
topic maps	토픽맵
truncation	절단
UDC → Universal Decimal Classification	
UDC Consortium → Universal Decimal Classification Consortium	
UDCC → Universal Decimal Classification Consortium	
UF → used for	
UNDP → United Nations Development Programme	
Uniclass → Unified Classification for the Construction Industry	
Unified Classification for the Construction Industry	건설정보통합분류법
uniform length notation see fixed length	단일길이 분류기호 → 고정길이 분류기호
uniqueness	유일성
United Kingdom School Library Association	영국학교도서관협회
United Nations Development Programme	UN 개발계획
United Nations Standard Products and Services Code	UN 제품·서비스표준코드
United States, Library of Congress	미국국회도서관
Universal Decimal Classification	국제십진분류법
UNSPSC → United Nations Standard Products and Services Code	
used for	비대표어(시소러스의)
user needs	이용자 요구
W3C Consortium → World Wide Web Consortium	
Web 2.0	웹 2.0
WebDewey	웹듀이
Webrary	웨브러리
wood finishing	목재 마감처리
World Wide Web → Internet	
World Wide Web Consortium	월드와이드웹 컨소시엄
XML → eXtensible Markup Language	
Yahoo	야후

지은이_ 에 릭 J . 헌 터

영국 리버풀 존 무어(Liverpool John Moores) 대학 명예교수.

도서관 및 정보 처리, 컴퓨팅, 교육과 관련된 많은 저서를 남겼으며, 그의 저작은 학생들과 실무자들에게 잘 알려져 다수의 언어로 번역되었다. 저서로는 최근작인 *Classification made simple: an introduction to knowledge organisation and information retrieval* (2009) 외에도 *The Cambridge History of Libraries in Britain and Ireland*에 수록된 "Automating the Library Process"(2006)가 있다. 소설 *The Bullet and the Ring* (2008)을 쓰기도 했다.

옮긴이_ 박 지 영

한성대학교 문헌정보학 전공 교수.

분류나 서지 기술, 전거, 색인 등을 통한 지식의 구조화를 연구하고 있다. 지식 구조화의 도구인 지식조직체계(KOS)를 수집하고 정리하고 있다. 국제 KOS 저장소인 BARTOC 에디터이고, ISKO 이탈리아 지부 회원이며, NKOS 프로그램 위원회에 참여하고 있다.

학술논문으로는 "The Second Edition of the Integrative Levels Classification: Evolution of a KOS"(Journal of Data and Information Science, 2020, 공저)와 「국가전거와 ISNI 연계 및 활용 방안 연구」(한국문헌정보학회지, 2023, 공저)가 있고, 학술발표로는 "Collecting Distributed KOSs and Building Meta Information"(NKOS 2022 Workshop)과 "Organizing Bibliographic Information of Korean Translations of German Literature Focusing on Work Identification"(NKOS 2021 Workshop), 저서로는 『(공연예술 정보 링크드 데이터 구축을 위한) 서지정보 연계모형의 이해』(2021)와 『공연예술 정보와 FRBRoo, 객체 중심의 정보연계 모형』(2021)이 있다.

한울아카데미 1778

분류란 무엇인가
지식의 구조화와 검색에 관한 이해

지은이 l 에릭 J. 헌터
옮긴이 l 박지영
펴낸이 l 김종수
펴낸곳 l 한울엠플러스(주)

초판 1쇄 발행 l 2015년 2월 28일
초판 2쇄 발행 l 2023년 3월 20일

주소 l 10881 경기도 파주시 광인사길 153 한울시소빌딩 3층
전화 l 031-955-0655
팩스 l 031-955-0656
홈페이지 l www.hanulmplus.kr
등록번호 l 제406-2015-000143호

Printed in Korea.
ISBN 978-89-460-4973-4 93020

* 책값은 겉표지에 표시되어 있습니다.